ZHONGHUA WENMING GUSHI

中华文明故事

四海元称尊

陈建中 ◎ 主编　　　赵显明 ◎ 编著

希望出版社

图书在版编目（CIP）数据

中华文明故事．四海元称尊 / 赵显明编著；陈建中主编．
-- 太原：希望出版社，2019.6（2021.6重印）
ISBN 978-7-5379-8076-0

Ⅰ．①中… Ⅱ．①赵… ②陈… Ⅲ．①文化史－中国
－元代－青少年读物 Ⅳ．① K203-49

中国版本图书馆 CIP 数据核字（2019）第 011192 号

图片代理：全景视觉

中华文明故事 ／四海元称尊

陈建中　主编　　赵显明　编著

出 版 人：孟绍勇
策划组稿：杨建云　　赵国珍
项目统筹：翟丽莎
责任编辑：张保弟
复　　审：张　平
终　　审：杨建云
装帧设计：陈东升　　罗紫涵
美术编辑：王　蕾

出版发行：希望出版社
地　　址：山西省太原市建设南路 21 号
开　　本：720mm×1000mm　1/16
版　　次：2019 年 6 月第 1 版
印　　张：8.5
印　　次：2021 年 6 月第 2 次印刷
印　　数：5001-10000 册
印　　刷：三河市同力彩印有限公司
书　　号：ISBN 978-7-5379-8076-0
定　　价：30.00 元

中华文明故事

四海元称尊

目录

1271年，忽必烈在大都称帝，诏告天下，正式建国号为元。元朝，虽然只存在了不到一个世纪，但却是中国历史上第一个少数民族建立的全国性政权，也是中国历史上疆域最为广阔、军力最为强盛的历史时期。元朝的疆域北据北海，南达海南，东到大海，西至雪山，是中国历史上版图最大的历史时期。

元朝的经济发展独具特色。虽然民族歧视政策影响了社会经济、文化的发展，但是统治者——蒙古贵族为了维持骄奢淫逸的生活方式，依靠血腥残暴的统治手段，在很短的时间内就形成了手工业、商业十分发达的，独特的畸形社会经济。

元朝的对外贸易十分发达，汉唐的对外贸易主要依赖陆上"丝绸之路"，两宋的对外贸易主要依赖海上"丝绸之路"。元朝由于疆域辽阔、国力强盛，海上丝绸之路和陆上丝绸之路是并行的。江南丝织业的飞速发展和陶瓷技术的最新成果——元青花的形成，也是推动元朝海外贸易的重要因素。

元朝还是中国古代文学开始走出士大夫的书斋，进入平民百姓日常生活的重要历史时期。在中国古代文学艺术的三个高峰——唐诗、宋词、元曲之中，只有元曲发展为平民喜闻乐见的艺术形式——戏曲，并最终导致了中国戏曲艺术的形成和发展。

宋元时期是中国古代科学技术发展的高峰期。尽管由于蒙古贵族对两宋时期程朱理学的过分推崇，直接导致了宋元以后科学技术停滞的恶果，但是，由于哲学思想对科学技术的影响是滞后的，因此，元朝初年，在天文学和数学方面仍然取得了世界领先的重要成果。

元朝中后期，由于统治阶级对程朱理学的推崇，并将其确定为国家哲学，学术思想自由遭到禁锢，科技文化发展受到阻碍，直接导致了中华古文明发展缓慢。这大约正是李约瑟之谜的谜底，并最终导致了元政权退出历史舞台。

李约瑟之谜谜底　中华戏剧有渊源　绘画艺术创新风　古典名著传后世　数学神算撼华夏　天文历法惊世界　隆建古都载史册　海外贸易谱新篇　只识弯弓射大雕　西征欧亚逞英豪

西征 欧亚逞英豪

　　早在唐朝兴盛时期，一个以狩猎为生的古老民族——蒙古族从大兴安岭以北、额尔古纳河畔的深山密林中迁徙到了华夏北部斡难河畔辽阔的大草原上。

　　在宋、金两国逐鹿中原，激烈争战的时候，蒙古族，这个在马背上成长起来的剽悍的游牧民族在大草原上逐渐变得强大起来，并建立了统一的蒙古汗国，开始向周边地区扩张。

　　勇猛的蒙古骑兵攻灭西夏、打败金国之后，发动了三次大规模西征。蒙古大军在西亚和欧洲攻城略地、所向无敌，在辽阔的欧亚大陆上建立了钦察汗国、窝阔台汗国、察合台汗国和伊尔汗国四个疆域广大的蒙古族政权。

　　欧洲的基督教人士甚至认为，这是因为欧洲人对上帝的信仰不虔诚而招来的惩罚。所以，人们也把侵入西方的蒙古大军称为"上帝之鞭"。

成吉思汗有一句名言："把世界变成蒙古人的牧场！"蒙古汗国建立后不久，就开始向四周扩张了。强大的蒙古骑兵攻占了西亚和欧洲的大片土地，建立了四个疆域辽阔的蒙古族政权。

蒙古民族有一个传说，远古时期，蒙古部族曾经被其他部落攻灭，整个部族只逃出了一男一女，这两个幸存者逃到额尔古纳河畔的深山中定居下来，过了许多年，他们的子子孙孙不断繁衍生息，形成了有许多分支的新部族。

唐朝以前，蒙古民族被称为"蒙兀室韦"，生活在大兴安岭以北、额尔古纳河畔的深山密林中。

由于额尔古纳河畔山谷狭小，容纳不下众多的人口，蒙古部落的首领——孛儿帖赤那就率众迁移到了斡难河畔的大草原上。从那以后，这片美丽的大草原就成了蒙古民族的摇篮。

《 蒙古汗国建立 》

唐朝以后，蒙古部落开始进入阶级社会，部落之间经常为了扩大牧场和掠夺财产、人口、牲畜发生战争。

12世纪末到13世纪初，蒙古乞颜部的首领孛儿只斤·铁木真在克烈部首领王罕的支持下，相继吞并了大草原上的其他蒙古部落，统一了整个蒙古高原。

1206年，蒙古各部落首领在北方大草原上的斡难河畔隆重聚会，正式推举孛儿只斤·铁木真为整个蒙古草原的大汗——成吉思汗。强大的蒙古汗国诞生了。

《 攻占西夏、西辽 》

蒙古汗国建立不久，成吉思汗就率领骑兵向周边国家发动了疯狂的掠夺战争。

蒙古大军首先攻灭了西夏，接着，兵锋直指金国的中都。由于中都守军顽强抵抗，久攻不下，成吉思汗被迫撤兵。后来，西部边境发生了著名的"商队事件"，成吉思汗才把兵锋指向了西方，让金国得到了几年的喘息机会。

成吉思汗

1217年，蒙古大军开始西进，首先攻灭了原辽国大将耶律大石建立的西辽，占领了贝加尔湖周边辽阔的森林和草原。

随后，蒙古大军就把辽阔的西亚和欧洲大陆选为下一个进攻的目标。

此时的成吉思汗踌躇满志，已经准备把整个世界都踩在脚下了。据说，他曾经骄傲地向他的儿孙们宣称："你们要把世界变成蒙古人的牧场！"

第一次西征

1218年，成吉思汗灭掉西辽以后，蒙古汗国的疆界就与中亚国家花剌子模（今伊朗）接壤了。

花剌子模以经商著称，蒙古汗国兴起之后，大批花剌子模商人来到蒙古汗国，通过与蒙古人贸易，获得了丰厚的利润。

蒙古大军第一次西征是因花剌子模军队洗劫蒙古商队引起的，但实际上成吉思汗早就想挥师西进，把广阔的西亚变成蒙古人的牧场了，"商队事件"正好为成吉思汗提供了一个借口。

《 商队遇难 》

1218年初夏，蒙古官方的一支庞大商队在花剌子模边境的讹答剌城（今哈萨克斯坦奇姆肯特市）遭到了守城军队的洗劫。军队不仅抢走了大批商品，还杀害了商队的蒙古商人。

成吉思汗派使者来到花剌子模，要求对方交还货物并严惩凶手。

花剌子模国王摩诃末根本不知道蒙古大军的厉害，不但拒绝了成吉思汗的要求，还杀害了成吉思汗派来交涉的使者。

成吉思汗对花剌子模垂涎已久，正在寻找机会西进。蒙古商队的遇害，给成吉思汗提供了一个合理的借口。

1219年秋天，成吉思汗率领20万大军攻打花剌子模。

《 初战告捷 》

蒙古大军首先包围了讹答剌城，并不断地向城中发射石块、火箭。但是，讹答剌城墙体高大、坚固，蒙古大军一时难以攻破。

于是，成吉思汗留下儿子察合台、窝阔台指挥部分人马继续攻城，自己率领主力前往花剌子模的另外一处军事重镇——不花剌城（今乌兹别克斯坦文化名城布拉哈）。1220年2月，成吉思汗到达不花剌城。

蒙古大军从三面迅速包围了不花剌城，成吉思汗一声令下，蒙古军中炮石纷飞，成排的火箭射入城中。守城将领看到蒙古军队如此骁勇善战，担心城破被杀，趁着夜色率领2万多名士兵弃城逃走了，成吉思汗立即派骑兵追击。

对于失去了防守的花剌子模军队来说，蒙古骑兵的降临就是一场巨

中华文明故事

成吉思汗率军出征

大的灾难。蒙古战马虽然算不上高大，但是，耐力却非常好，可以载着人长距离奔跑。

蒙古骑兵大多数都是神箭手，弓箭是用最好的木材、牛角和牛筋层叠在一起制成的硬弓，射程可达250多米。他们骑在飞奔的战马上也能准确地射中敌人的要害。

于是，这2万多名弃城逃跑的花剌子模军人成了名副其实的"箭靶子"，全部死在了蒙古骑兵的强弓硬弩之下。第二天，不花剌城就投降了。

为报复抵抗过蒙古大军的不花剌军民，蒙古军队在掠取了不花剌城所有的财物之后，将这座美丽的城市焚烧了。

此时，察合台、窝阔台也攻下了讹答剌城，他们抓到了杀害蒙古商队的花剌子模军队将领，用酷刑处死了他，然后又下令"屠城"。蒙古军队几乎杀死了全城所有的军民。

第一次西征的结果：1225年，蒙古人在额尔齐斯河上游和巴尔喀什湖以东地区建立了窝阔台汗国；1227年，在西亚和天山南北的广阔地带建立了察合台汗国。

《 横扫东欧 》

为了抵抗成吉思汗，花剌子模国王在首都撒麻尔罕（今乌兹别克斯坦撒马尔罕）修建了工程浩大的坚固壁垒，调集了十几万波斯和突厥士兵协助守城，还找来20只战象助威。但是，在蒙古大军的攻击下，仍然遭到了惨败。

军事上的不断失败，使花剌子模军队的士气开始瓦解，防守撒麻尔罕的士兵纷纷携带眷属和辎重出城投降。当地的贵族和僧侣也潜入成吉思汗军中商洽投降条件，并且为蒙古大军打开了城门。此时，摩诃末早已经

善射的蒙古骑兵

逃走了，于是，成吉思汗派大将哲别和速不台率领军队前去追击。

摩诃末最后逃到里海中一个荒凉的小岛上躲了起来。受到极度惊吓的摩诃末虽然侥幸逃过了蒙古人的追捕，但是，也走到了生命的尽头，

不久，就病死在这座孤岛上了。

蒙古军队并没有得到摩诃末的死讯，为了捉拿他，这支蒙古军队在哲别和速不台的率领下先从里海南面攻入了波斯和南高加索地区。然后，又越过高加索山，横扫了钦察草原、俄罗斯南部和整个乌克兰。

摩诃末死后，他的儿子扎兰丁招集残兵败将，继续抗击蒙古大军。1221年，蒙古军队在印度河畔与扎兰丁的部队展开决战。灵活机动的蒙古铁骑再一次显示出强大的威力，扎兰丁被彻底击溃，只身逃入了印度。

1223年，成吉思汗率蒙古主力返回东方。由哲别、速不台率领的蒙古军队也渡过伏尔加河，经过里海和咸海北面与成吉思汗胜利会师。

第一次西征以蒙古大军的全面胜利宣告结束。不久，成吉思汗的儿子们就在攻占的领地上建立起了窝阔台汗国、察合台汗国两个强大的蒙古族政权。

第二次西征

1227年7月，成吉思汗因病去世，被葬在了鄂尔多斯大草原上。直到今天，我们依然可以看到修葺一新的、雄伟的成吉思汗陵。

1229年，拖雷召集蒙古诸王和众大臣在克鲁伦河上游的大斡耳朵举行选汗大会，共同推举窝阔台继承了蒙古大汗之位。

窝阔台统治时期是蒙古汗国最强大的

1235年，蒙古大汗窝阔台召集诸王，决定征讨钦察（突厥人建立的国家）和斡罗思（今俄罗斯），并命令各宗室都派长子统率军队。因此，这次西征在历史上也被称为"长子西征"。

时期，蒙古骑兵占据了从蒙古草原到中原、中亚、西亚的广阔地区。

1234年，蒙古出兵灭了金国。接着，南宋军队也败在了蒙古骑兵的进攻之下。窝阔台解除了后顾之忧，立即兵锋西指，开始了第二次西征。

《 再战花剌子模 》

这次西征的目标仍然是老对手花剌子模。花剌子模国王摩诃末死后，他的儿子扎兰丁从印度逃到了高加索。蒙古大军撤离后，扎兰丁又回到西亚，重建了花剌子模帝国。

1234年，花剌子模因为与邻近国家作战，国力日渐空虚。蒙古大军乘机西进，再次打败了扎兰丁率领的花剌子模军队。不久，扎兰丁逃到曲儿忒，被当地的乡民刺死，花剌子模才宣告灭亡。

蒙古大军攻灭花剌子模以后，并没有停下脚步，而是乘胜西进，准备把整个中亚地区都变成"蒙古人的牧场"。

《 蒙古大军攻入欧洲 》

1236年秋天，蒙古大军挥师西进。这次以术赤的长子拔都为首领，统领全军。第二年春天，蒙古大军攻占了钦察，秋天进入斡罗思境内，占领了梁赞。1238年，蒙古大军又兵分四路，接连攻占了莫斯科、罗斯托夫等斡罗思重要城市，接着，又以重兵攻下了弗拉基米尔大公国（今俄罗斯弗拉基米尔州）。

第二年，蒙古大军越过高加索，进攻乞瓦（基辅）。蒙古统帅拔都先派使者到乞瓦劝降，乞瓦国王米哈依不知道蒙古大军的厉害，拒绝投降，并下令杀死了蒙古使者。1240年，拔都亲率大军围困乞瓦，并在城的四周架起火炮猛攻。

此时的蒙古大军不仅拥有世界上最强悍的骑兵，而且在与金国和南宋军队的交战中学会了使用火器。

蒙古人使用的火药和火箭等新式武器在冷兵器时代威力是相当惊人的，有巨大的心理震慑作用。

乞瓦国王米哈依被蒙古军队的火器吓坏了，逃到了孛烈儿（今波兰），乞瓦名将德米特尔率领军民继续进行抵抗。乞瓦城被攻破后，德米特尔受伤被俘。拔都对忠勇的德米特尔非常钦佩，赦免了他。蒙古大军攻陷乞瓦后，继续西进。

1241年春天，拔都命令蒙古大军兵分两路挥师西进，开始攻打孛烈儿和马札儿（今匈牙利）。

孛烈儿国王弃城逃走，蒙古大军进入了西里西亚境内。西里西亚的侯爷集结了孛烈儿的全部兵力，与前来援助的尼米兹（德国）人组成了联军，共同抗击蒙古大军。

双方在里格尼茨（今捷克首都布拉格附近）展开激战，欧洲联军被蒙古大军打了个落花流水，几乎全军覆没。

欧洲中世纪的重装骑兵装备齐全，在格斗时具有很大优势，但是，有个致命的弱点：身上的装备（锁子甲、铁头盔、铁面罩）太笨重，穿戴起来就像今天的宇航员，再加上手中的长矛和盾牌，全部重量有70多公斤。

这些重装骑兵在进攻的时候追不上敌人，逃跑的时候甩不掉敌人。更要命的是，由于装备太重，在战斗中遇到意外情况的时候很难"及时刹车"。那些跌落到马下的欧洲骑士因为盔甲太笨重，连站起来都十分困难，只能束手就擒——在蒙古骑兵的长矛和马刀下送掉性命。

里格尼茨之战是蒙古骑兵痛歼欧洲重装骑兵的典型战例。这场大战使欧洲各国十分震惊，深深感受到了蒙古人的严重威胁。

《 建立钦察汗国 》

蒙古大军继续向西，进攻马札儿。马札儿国王贝拉组织了10万大军准备与蒙古骑兵决战，双方在绍约河畔对峙。马札儿军方判定对岸是蒙古大军主力，于是迅速抢占桥头堡，并修建了坚固的工事，准备迎击蒙古军队。

黎明时分，蒙古军队用威力巨大的抛石车和火箭向守卫桥头堡的马札儿军队猛烈射击。守军在蒙古军队的攻击下瞬间溃败，蒙古骑兵迅速穿桥而过，向马札儿大军的主力发起攻击。

当马札儿人列队杀向蒙古军队时才发现：眼前这支攻势勇猛的部队原来只是一支佯攻的小部队！蒙古大军的主力3万多人早已乘夜色渡过冰冷的绍约河，从背后冲杀过来。

在两面夹击之下，马札儿全军迅速崩溃并开始逃亡。绍约河战役，马札儿军队阵亡7万余人。蒙古大军迅速攻克了马札儿重镇——佩斯城（今匈牙利布达佩斯的一部分）。然后，又分兵四出抄掠，有一支部队甚至到达了维也纳附近。

不久，窝阔台病死。拔都率领大军到达伏尔加河下游的营地，就停下来不再东归了。拔都是成吉思汗的长子术赤的儿子，不可能接替叔叔窝阔台的汗位。于是，这位成吉思汗的长孙就留在了伏尔加河下游，在那里建立了第三个蒙古汗国——金帐汗国，也称钦察汗国。

第三次西征

窝阔台死后，他的儿子蒙哥继承了蒙古大汗之位。

当时在伊朗高原上，只有两个国家没有被蒙古骑兵所征服。其中一个是伊朗高原北部今马赞德兰省的木剌夷国，另一个就是建都巴格达的

黑衣大食。在这两个王国的西面还有没有向蒙古汗国臣服的另一个王国——叙利亚。

《 战争开始 》

1252年7月末，蒙古大军的统帅旭烈兀任命大将怯的不花为先锋，率领12000人首先攻入木刺夷国境内，拉开了蒙古大军第三次西征的序幕。

1243年春天，拔都在伏尔加河下游修筑了一座新的都城——萨莱城（在今阿斯特拉罕附近）。在那里建立了第三个蒙古汗国——金帐汗国。蒙古大军的第二次西征胜利结束。

由于蒙古大军已经威名远扬，怯的不花虽然只率领了区区12000人，但很快就攻陷了木刺夷国的好几座城堡，消灭了木刺夷国5万多军队。

1253年，旭烈兀亲自统帅10余万蒙古大军誓师出征。这时候，木刺夷国已经受到了怯的不花的严重削弱。旭烈兀率领蒙古大军经过新疆，首先占据了巴尔喀什湖以南的广大地区，并在这里聚集军队准备继续西进。

1255年，旭烈兀的大军先后攻占了撒麻尔罕（今乌兹别克斯坦撒马尔罕城）和铁门关（今乌兹别克斯坦杰尔宾特西）。接着，又在这里集结部队、整顿军马，向木刺夷国发起总攻。

《 攻灭木刺夷 》

大战前，旭烈兀派使者向木刺夷国劝降。木刺夷国国王鲁克赖丁依仗手下的十几万重兵，决心凭险据守。由于木刺夷城十分坚固，易守难攻，旭烈兀决定采取长期围困的策略，消耗对方的实力。

蒙古大军西征时对坚固的城市大都采取长期围困的方式。围城后，

1251 年，元宪宗蒙哥称帝后，遵奉祖父成吉思汗的遗训，继续拓展疆土，派大将旭烈兀率领 10 万蒙古大军再次向西方发动了远征。这次的进攻目标是木剌夷国和黑衣大食。

蒙古军民就在城下放牧、生活，以维持军队持续不断的攻击能力，直到城市被攻克。

蒙古军队围困了木剌夷的都城麦门底司堡以后，不断进行骚扰、攻击，木剌夷国很快就陷入了困境。

这年6月，鲁克赖丁见旭烈兀的大军步步进逼，感到已经无力抵抗，只好向旭烈兀请求投降。旭烈兀写信告诉鲁克赖丁：只要他拆毁城堡，亲自来蒙古大营谒见，便可保证木剌夷国不受损害。

鲁克赖丁开始拆毁了一些城堡。后来，他认为冬天快要到了，旭烈兀的大军不可能冒着冰雪严寒作战，所以开始拖延时间，等待战机。旭烈兀看出了鲁克赖丁没有投降诚意，决定以武力解决。

旭烈兀把全军分为三路，向木剌夷的国都——麦门底司堡发起猛攻。经过激战，鲁克赖丁大败，被迫于1256年11月投降。这就是西方历史上著名的"麦门底司堡之战"。至此，木剌夷国宣告灭亡。

《 攻打巴格达 》

1257年9月，旭烈兀继续率领蒙古大军向黑衣大食（今伊拉克）进发。黑衣大食教主——国王木思塔辛集结军队决心迎战旭烈兀。

1257年11月，蒙古大军兵分三路同时向黑衣大食首都巴格达城挺进。

右路军，由拜住率领，在西北方向渡过底格里斯河，发动进攻。左路军，由怯的不花率领，从东南方向发动进攻。中路大军由旭烈兀亲自率领，从东北方向发动进攻。

旭烈兀的中路军主力首先攻破开尔曼沙（今伊朗赫塔兰），从东北方向逼近巴格达城。怯的不花率左路军占领了罗耳，从东南方向逼近巴格达城。与此同时，拜住率右路军在巴格达西北强渡底格里斯河，与黑衣大食大将费度丁率领的12000多人展开激战。

两军开战以后，拜住率领蒙古军队掘开了底格里斯河的堤坝，放水淹没了黑衣大食军营后方的平原。然后，再次发起猛攻，费度丁全军覆没。这就是著名的"底格里斯河之战"。

黑衣大食教主木思塔辛见费度丁战败，慌忙下令修缮巴格达城墙和戍楼，并沿街设置障碍，准备殊死抵抗。此时，旭烈兀率主力——中路军集结在巴格达城东，拜住的右路军进驻巴格达城西，怯的不花的左路军也从东南方向进抵了城郊。蒙古三路大军对黑衣大食国的首都巴格达构成了合围之势。

1258年初，集结在巴格达城下的三路蒙古大军同时发起进攻。木思塔辛知道已经无法挽救败局，只好出城向旭烈兀投降，并献出了巴格达城。

1259年，几乎占领了整个西亚地区的旭烈兀率蒙古大军到达叙利亚边境，然后，兵分三路，向叙利亚首都大马士革进发。

《 抵达地中海 》

蒙古大军抵达幼发拉底河时，叙利亚国王纳昔儿十分震惊，立即召集朝中大臣和将领商议退敌之策。

叙利亚虽然拥有10多万人马，但是，因为意见有分歧，军心涣散，早已经乱作一团。国王纳昔儿只好派人赶赴开罗，向埃及求救。但是，正赶上埃及内乱，自顾不暇。

旭烈兀率军渡过幼发拉底河，兵锋直指叙利亚重镇阿勒颇城。1260年正月，在旭烈兀的亲自指挥下，蒙军经过七天激战，攻陷阿勒颇城，逼近首都大马士革。

国王纳昔儿得知阿勒颇城已经失守，只得放弃大马士革。不久，蒙古大军就占领了整个叙利亚。

旭烈兀继续西进，很快就攻占了整个小亚细亚（今土耳其小亚细亚半岛）。接着，又率军击败了巴尔干的多国联军。然后，派大将郭侃渡过地中海，占领了富浪国（今塞浦路斯岛）。

旭烈兀的西征使地中海诸国大为震动。东罗马教廷和西欧的许多信奉基督教的国家，纷纷派使者与旭烈兀联络，想与蒙古大军联盟，共同征讨信奉伊斯兰教的国家。

就在旭烈兀准备进攻埃及时，从国内传来了蒙哥大汗在与南宋作战中遭炮击身亡的消息，于是，旭烈兀命令怯的不花镇守叙利亚，自己率部东归。蒙古大军第三次西征至此胜利结束。

蒙哥大汗去世后，他的弟弟忽必烈继承了元朝的皇位。为了得到旭烈兀的支持，忽必烈把南抵波斯湾、北至高加索、东起印度河、西至小亚细亚的大片土地都封给了旭烈兀。

于是，旭烈兀就在他占领的大片领地上建立起了第四个蒙古汗国——伊儿汗国。至此，蒙古大军经过三次西征，在欧亚大陆上建立起了四个领土辽阔的蒙古汗国：金帐汗国、窝阔台汗国、察合台汗国和伊尔汗国。

只识弯弓射大雕

　　强悍的蒙古骑兵在西亚和欧洲战场上所向披靡，根本没有对手。他们很快就经过西亚，打到了欧洲腹地，占领了中亚、西亚和欧洲的辽阔地域，建立了四个强大的蒙古汗国。

　　然而，在亚洲的中原战场上，蒙古骑兵却没能创造出这样的"神话"。从1235年开始的"宋蒙大战"，到1276年元朝一统天下，双方争斗了四十多年。

　　在四十多年间，如果不是南宋小朝廷一再自毁长城，中原的大好河山根本不可能落入蒙古族的统治之下。即使如此，蒙古大军也付出了十分惨重的代价，连蒙古大汗——蒙哥都战死在了四川合州的钓鱼山下。

　　今天，在合州钓鱼城的崖壁上，赫然书写着"上帝之鞭折此城下"八个大字。记载了南宋军民可歌可泣的英雄事迹，也记载了元朝统一江南时经历的艰苦卓绝。

孟珙英勇抗元军

宋、蒙开战不久，江南就出现了一位与岳飞齐名的民族英雄，这个人就是孟珙。孟珙率领南宋军民在荆襄、川蜀、淮西等地多次打败蒙古大军，让入侵者闻风丧胆。只可惜英年早逝，大宋栋梁折损。

1234年，在蒙古汗国、南宋两面夹击之下，金国的最后一位皇帝——金哀宗走投无路，自杀身亡，曾经不可一世的金王朝宣告彻底灭亡。

蒙古汗国与南宋联合灭金以后，按照双方的约定，把原金朝占据的河南划分成两部分：以蔡州、陈州为界，北部归蒙古汗国占领，南部归还南宋。

蒙古大军主力撤回北方后，南宋军队也撤到了襄阳、信阳一线驻扎。

起初，宋蒙双方相安无事。这时，南宋重臣赵范向朝廷建议：应该趁蒙古汗国主力北归的机会，出兵收复两京（东京汴梁和西京洛阳），然后，占据黄河和潼关的险要地势与蒙古骑兵对抗。

【 端平入洛 】

赵范收复两京的建议在军事上的确有可取之处，但是，多少有点儿"背信弃义"。更重要的是，当时的南宋根本就没有对抗蒙古大军的军事实力。

端平元年（1234年）六月，南宋大将全子才率兵顺利占领了东京汴梁（今开封），7月又进占洛阳。这就是历史上著名的"端平入洛"。

蒙古因在两京驻军很少，无法组织有效的抵抗，就在南宋军到达之前抢先掘开黄河，以河水淹没了大片土地，致使南宋军始终无法转运粮草。南宋军虽然没有遇到有效抵抗。但是，却因为蒙古军队掘开黄河放

中华文明故事

水，无法快速调动部队和转运粮草而导致了最终的失败。

此时的南宋小朝廷既没有优秀的统帅与身经百战的蒙古将领斗智斗勇，也没有强大的军队与蒙古骑兵在战场上争锋。

蒙古大汗窝阔台得知南宋军队违约占领了汴梁和洛阳，立即挥师南下。南宋的后续部队还在开往洛阳途中，突然遭到蒙古大军的攻击，即刻全军溃散，许多将士都被强大的蒙

蒙古大汗窝阔台

古骑兵赶入洛水中淹死了。蒙古骑兵打败了南宋的后续部队，切断了开封和洛阳之间的联系，接着，又迅速逼近洛阳城。

此时，由于蒙古大军先决开了黄河的堤坝，破坏了南宋军队的补给线，进入洛阳的南宋军队早已经断了粮，陷入了"内无粮草、外无救兵"的绝境。同时，蒙古大军兵临城下，逃跑已经来不及了。这一战，饥饿疲弱的宋军以步兵对抗彪悍的蒙古骑兵，其结果损失惨重，全线溃败。

《 荆襄破敌 》

其实，横行欧亚、所向无敌的蒙古大军对富庶的江南早就垂涎三尺了，南宋小朝廷策划的"端平入洛"正好给蒙古大军南侵提供了绝好的借口。1235年（端平二年）6月，蒙古大汗窝阔台再次发布了大举南侵

的命令：派三子阔出统兵攻打荆襄，次子阔端统兵攻打川蜀，南宋、蒙古汗国之间的大战随即展开。

在荆襄一线，蒙古军队先胜后败。阔出率蒙古大军首先攻陷了湖北的枣阳和光化（今湖北光化），但不久就病死军中。金国降将张柔继续统率蒙军南侵，并攻下襄阳、邓州等军事要地。危急时刻，南宋名将孟珙奉命救援江陵，在江陵，蒙古大军第一次遇到了强敌。

孟珙（1195—1246年），字璞玉，山西绛州人。孟家世代为将，孟珙的曾祖孟安、祖父孟林都是抗金名将岳飞的部下。孟家是随军迁到随州的，后来就定居湖北枣阳。

南宋名将孟珙

江陵是长江中游军事重镇，蒙古大军如果攻占了江陵，向西可以进入川蜀，向东可以威胁苏杭，向南可以占据湖湘，后果不堪设想。

孟珙和部下将士都是荆襄人，此时襄阳已经被蒙古大军攻陷，因此，全军义愤填膺，强烈要求"收复家园"。孟珙深知力量悬殊，强按心中怒火，集中力量封锁了江面。接着，施展疑兵计，以多示众：把部队沿江排开数十里，白天变换旗帜，晚上虚张火把，摆出一副大军来援的样子。

在蒙古大军不知虚实、

惊慌不已的情况下，孟珙突然率军出击。南宋军队勇猛冲杀，连破蒙古大军24座营寨，救回两万多被俘百姓，并将蒙古大军的渡江船只全部焚毁，张柔只得引军退回。

孟珙因为扭转了荆襄战局被擢升为高州刺史、忠州团练使兼京湖安抚副使。不久，又被授予鄂州都统制。

《 川鄂鏖兵 》

在川蜀一线，蒙古汗国大将阔端率军从凤州越过白水关，占领了巩昌。第二年九月，蒙古汗国又调集大军再次大举进攻四川，南宋大败，主将曹友闻在阳平关以身殉职。于是，蒙古大军长驱入蜀，迅速攻陷了西南重镇成都。危急关头，南宋小朝廷只好再调孟珙入川作战。

孟珙率领13000精兵增援川蜀。他首先派三弟孟璋率精兵2000驻守澧州，又选派2000人驻屯峡州(今湖北宜昌)，防备蒙古大军东下。同时，选派2000精兵增援归州的重要军事隘口万户谷（今湖北秭归西部），又选派2000人屯驻归州(今湖北秭归)作为后援。最后，派二弟孟瑛率领精兵5000驻扎在军事要地松滋，作为全军的总预备队。

孟珙手下虽然只有一万多人马，却安排得环环相扣，遥相呼应，依据险要地势建起了强大的军事防御体系。

蒙古大军在川鄂交界撞上了孟珙布置的铜墙铁壁。孟珙指挥南宋军队依靠有利地形打败了十几万蒙古大军。大战之后，宋理宗任命孟珙为宁武军节度使、四川宣抚使兼知夔州，承担了保卫川蜀的军事重任。

《 两淮称雄 》

1237年10月，蒙古大军再度南侵，宗王口温不花和大将张柔率军进攻黄州。黄州是淮西军事重镇，长江在这里的江面非常窄，便于渡江。

张柔已经夺取了上游大批船只，准备挥师沿长江而下，直取苏杭，情势非常危急。

黄州距离孟珙的防区非常近，所以孟珙亲自率领水师增援，恰好与张柔的蒙古兵船在江面上相遇。在孟珙的指挥下，南宋水军以艨艟斗舰猛撞蒙古水军的船舰，很快杀开一条血路进入了黄州。已经陷入绝望的黄州军民听说孟珙到来，士气大振，齐声欢呼："吾父来矣！"

第二天，孟珙派部下将领率艨艟斗舰再次猛攻蒙古水军，先后俘获了蒙古战船两百多艘。蒙古大将张柔连败两阵，转移进攻目标，占据了黄州东堤，想切断黄州与孟珙水军之间的联系。孟珙挑选精壮勇士组成敢死队，夺回了东堤；然后又兵分七路，趁夜间突袭了蒙古大军的营盘，蒙军损失惨重，军心动摇，已经无力再战，只得退回北方。孟珙再次扭转了战局。

朝廷以军功擢升孟珙为宁远军承宣使、枢密副都承旨。不久，又被提升为京湖制置使，成为南宋抗蒙战场的主帅。

然而，天有不测风云，人有旦夕祸福。1246年九月初三，孟珙在湖北江陵突然病逝，享年51岁。南宋小朝廷的擎天巨柱倒下了，似乎整个华夏大地都沉浸在痛失栋梁的悲恸之中。

上帝折鞭钓鱼城

孟珙在川蜀战场上叱咤风云的时候，长江岸边又升起了一颗耀眼的将星，这个人就是抗蒙名将余玠。

余玠（1198—1253年），字义夫，号樵隐，浙江衢州人。余玠幼年家境十分贫寒。但是，他聪明好学，先后就读于沧浪书院、白鹿书院，学得了一身好本领，长大后成了淮东制置使赵葵军中的幕僚。

1236年2月，蒙古大军南侵。余玠协助蕲州守将，配合援兵击退蒙古大军，立下了战功。不久，蒙古大帅察罕进攻滁州，余玠率精兵驰援，又大获全胜。于是，余玠被提升为淮东提点刑狱兼淮安知州，主持濠州以东的抗蒙防务。

1241年秋天，蒙古大军在察罕的率领下进犯安徽寿县。余玠率南宋水师迎击，双方激战40余天，蒙古大军全线溃退。余玠被拜大理寺少卿兼淮东制置副使。

1241年12月，宋理宗任命余玠为兵部侍郎、四川安抚制置使兼重庆知府，后来又担任四川总领兼夔州路转运使。余玠受命于国家危难之际，这位书生出身的儒将满怀信心地表示："愿假十年，手掣全蜀之地，还之朝廷。"

余玠抵达四川夔州之后，恢复经济，修筑城垣，广纳贤才，深得民心。余玠在四川最重要的贡献就是重用播州"二冉"在合州修筑了著名的钓鱼城。

从1241年开始，余玠多次打败入侵的蒙古大军，立下了赫赫战功。后被奸臣所害，未能完成重整山河的远大志向。

抗蒙名将余玠

《修建合州钓鱼城》

播州就是今天的贵州遵义。"二冉"是同父异母的两兄弟，哥哥名冉琎，弟弟名冉璞，世代居住播州。冉氏兄弟从小聪明好学、博览群书，长大以后遍游川蜀的名胜和关隘重镇。兄弟俩深通谋略、精研地理，称得上是天下奇才。由于目睹了南宋王朝的腐败，所以隐居山林不愿步入仕途。

南宋端平三年（1237年），蒙古大军攻入四川，占据成都。朝廷起用余玠为四川安抚置制使，对抗蒙古大军。

冉氏兄弟深知蒙古大军占领四川后会继续南下，播州也难免战祸。听说余玠在重庆招贤抗蒙，为了保家卫国，兄弟俩决定出山相助。

因为冉氏兄弟都是读书人，因此，余玠以上宾之礼相待，二人深受感动。

冉氏兄弟深思熟虑后，提出建议：钓鱼山是形胜之地，扼嘉陵江、渠江、涪江三江之口，沿岸陡峭，易守难攻；如果把合州城迁往钓鱼山，然后，积蓄粮草，精心防守，可以胜过十万大军，保证整个西蜀无忧。余玠大喜，密报朝廷。于是，朝廷任命冉氏兄弟为合州守将，并负责在钓鱼山依险筑城。

1242年，冉氏兄弟组织当地军民在钓鱼山构筑了坚固的内外城池和军事设施，又在三江沿岸险峻之处修筑了大大小小10余座壁垒。整座钓鱼山"以山为垒、星罗棋布"，形成了坚固的山城防御体系。

1246年春天，蒙古大军分四路侵入四川。余玠率领宋军迎战，以冉氏兄弟新筑的山城为屏障，再次重创蒙古大军。

1252年10月，蒙古大将汪德臣、火鲁赤率部大规模入侵，进抵嘉定。余玠调集蜀中精锐部队，组织大规模会战，再次将蒙古大军击退。因抗蒙有功，1252年，余玠晋升为兵部尚书，率军驻守四川。

《宋王朝自毁长城》

就在余玠、赵葵等抗战派将领大有作为之际，南宋小朝廷的内部却发生了变故，再一次做出了自毁长城的蠢事。

原来，南宋末年，史弥远等人为秦桧、朱熹平反后，程朱理学逐渐成了官学，同时也不再发展，变成了束缚人们思想的教条。由于支持余玠抗战的宰相赵葵不是科举出身，淳祐十年（1250年），南宋理学之徒背叛了先师的遗训，以"宰相须用读书人"为由，罢去了赵葵右相兼枢密使的职务，让根本就百无一能的谢方叔执掌了朝中的军政大权。

由于理学之徒与赵葵、余玠势同水火，在谢方叔的挑拨下，宋理宗对余玠产生了怀疑。宝祐元年（1253年）五月，朝廷下诏罢免了余玠四川制置使的职务，并召他入朝述职。余玠失去了赵葵的有力支持，自知入朝后不会有什么好结果，就服毒自杀了。

余玠之死，使南宋小朝廷失去了最后的擎天之柱。从那以后，南宋再也没有像孟珙、余玠那样文武兼备的优秀人才了。不久，余玠手下大将王惟忠被诬告潜通蒙古，并被处以极刑。冉氏兄弟也心灰意冷，辞职回到了家乡。抗蒙的大好形势就这样被谢方叔之流彻底葬送了。

1253年，也就是南宋抗蒙名将余玠被迫自杀的那年，蒙哥大汗命忽必烈统率蒙古大军出征大理。蒙军兵分三路，取道吐蕃，过大渡河，抵金沙江，很快攻入云南。同年12月，蒙古大军攻克大理，控制了整个云贵高原，完成了对南宋侧翼的包围。

《蒙古军挥师入蜀》

宝祐六年（1258年）初，蒙古大军分三路向南宋大举进攻。蒙哥大汗亲自率领蒙军主力进攻川蜀，并命令他的弟弟忽必烈率军进攻鄂州（今湖北武昌），大将兀良合台从云南向北攻打潭州。按照蒙哥的计划，三支大军胜利会师后再顺长江东下，攻打南宋都城临安，一举消灭南宋。

1258年，蒙哥亲率4万大军，对外号称10万，侵入四川。南宋军队节节败退，成都、南充等重镇相继失守。蒙古大军很快就沿嘉陵江打到了当年冉氏兄弟修建的军事重镇——合州（今四川合川）。

南宋合州守将王坚原是孟珙手下的部将，曾多次打败过进犯的蒙古大军。为了防守合州，王坚早在1254年就调集了下属各县10万人对险峻的钓鱼城防御体系再次进行了加固，使之变成了更加坚固的铜墙铁壁。

蒙哥大汗率军进攻合州时，钓鱼城已经是10多万人的军事重镇了。

《钓鱼城上帝折鞭》

南宋开庆元年（1259年）正月，蒙哥大汗派南宋降臣晋国宝前往钓鱼城劝降。王坚把晋国宝押到了演武场，当众斩首示众，宋军士气大振。蒙哥见劝降失败，亲自率兵进驻石子山，指挥蒙古大军攻打钓鱼城。

蒙古大军轮番攻城，前后达三个月之久，都被王坚指挥的南宋军民打退了。进入夏季之后，蜀地炎热，疾病流行，再加上王坚在夜间不断派精兵袭击蒙古营地。这支蒙古大军很快就陷入了进退两难的境地。

蒙哥大汗

由于南宋援军在半路兵败未能到达合州，蒙哥再次率军攻打钓鱼城。王坚指挥南宋军队用弓箭、炮石猛烈还击。在激战中，蒙古大汗蒙哥被南宋军队火箭射中，救回后死于军营之中。

至今，在重庆合川的钓鱼城仍然可以看到刻在崖壁上的"上帝之鞭，折此城下"八个大字。

无赖专权误国

1258年忽必烈进兵鄂州时，推崇理学的南宋奸贼贾似道被拜为右相，奉命率兵前往增援。

由于蒙哥大汗在钓鱼城下伤重而死，忽必烈急忙北撤回朝抢夺汗位。贾似道这个无耻的市井无赖背着宋理宗和朝中大臣与急于退兵的忽必烈私自签订了和约，这个大卖国贼在和约中答应割地、赔款，并向蒙古汗国称臣。

忽必烈退兵后，鄂州之围自解。贾似道回朝后却隐瞒事实真相，谎称战场大捷，赶走了蒙古大军。宋理宗大为高兴，下诏褒奖贾似道，并认定贾似道是朝廷的"股肱之臣"，封他为少师、卫国公。于是，这个文不能谋、武不能战的市井无赖成为南宋重臣。

1264年，宋理宗病死，太子继承皇位，是为宋度宗。宋度宗封贾似道为"太师"。南宋小朝廷的军政大权完全落于这个市井无赖手中。

《 忽必烈燕京称帝 》

就在贾似道晋升太师的这年，忽必烈在燕京称帝，并派使者向贾似道讨要割让的土地和赔款。贾似道为了隐瞒真相，扣压了蒙古使臣。忽必烈大怒，立即挥师南下，准备消灭南宋。

忽必烈

1269年，蒙古大军完成了对樊城、襄阳的军事包围。京湖制置大使李庭芝多次请求增援，奸臣贾似道根本置之不理。从1269年到1273年，樊城和襄阳被蒙古大军围困长达五年之久。宋度宗则始终被蒙在鼓里，根本就不知道元军入侵。

据说，曾经有一位小宫女向南宋的糊涂皇帝说出了襄阳危在旦夕的紧张局势。贾似道害怕宋度宗知道真相对自己不利，一方面极力掩饰，另一方面派人害死了这个小宫女。从那以后，再也没人敢"多嘴"了。

1273年9月，坚守五年之久的襄阳和樊城在内无粮草、外无救兵的情况下相继被元军攻占。

接着，元朝左相伯颜统领20多万大军分两路大举进攻南宋。其中一路进攻李庭芝驻守的扬州城，另外一路准备渡过长江，直取临安。

《 贾似道专权误国 》

1274年，南宋度宗病死，四岁的太子赵㬎即位，是为宋恭帝。这年的年底，鄂州失守，临安危在旦夕，贾似道在朝臣的压力之下只好硬着头皮亲自督率十几万精兵北上迎敌。

尽管南宋军队舳舻百里，阵容十分浩大，无奈中军统帅贾似道和他的亲信都是无能之辈。

南宋的水陆两军主力刚与元军一接触就全部溃散。贾似道兵败溃逃，终于被罢了官，并得到了应有的惩罚。但是，南宋小朝廷也被他彻

中华文明故事

底断送了。

德祐二年（1276年）正月，元军攻入临安，宋恭帝赵㬎和谢太后以及朝中文武百官全部被俘，并被押送到元大都。偏安一隅的南宋小朝廷宣告灭亡。

此时，京湖制置大使李庭芝和他手下的大将姜才仍然坚守扬州。忽必烈只好让谢太后下诏命李庭芝投降。但是，李庭芝和扬州军民根本不听诏令，抵抗得更加坚决，最后英勇不屈、以身殉国。

抗蒙将领李庭芝

《谢太后悔恨交织》

据说，直到元军大兵压境之际，病中的皇太后谢氏才开始醒悟过来。她痛心地责问已经蜕变为误国害民之贼的道统之徒："朝廷待你们不薄，现在国家遭难，你们一个个弃官逃走，避难偷生，有什么脸面见先帝于地下啊！"

这位谢太后明白得太晚了。如果南宋小朝廷能早点罢黜谢方叔、贾似道等无能之辈，重用赵葵、余玠、王坚等主战派将领，焉有此祸？

南宋皇帝和太后虽然投降了，文天祥、陆秀夫等人立太子赵昰为皇帝，在东南沿海与元军继续周旋，企图恢复南宋王朝。但是，"大厦将倾兮，独木难支"！自从余玠死后，南宋朝中大多数都是信奉"道统"、排除异己的道学小丑，哪里有能够战胜蒙古大军的军事人才！仅

碧血丹心文天祥

凭忠勇无私的文天祥、陆秀夫等几个人，能有什么作为？

1278年底，文天祥兵败被俘。他确实表现得英勇不屈，留下了一首《正气歌》，然后义无反顾地走上了刑场。从那以后，南到南洋、北到大漠、西过葱岭、东至大海的广袤土地都被蒙古铁骑所征服，归入了元朝的版图。

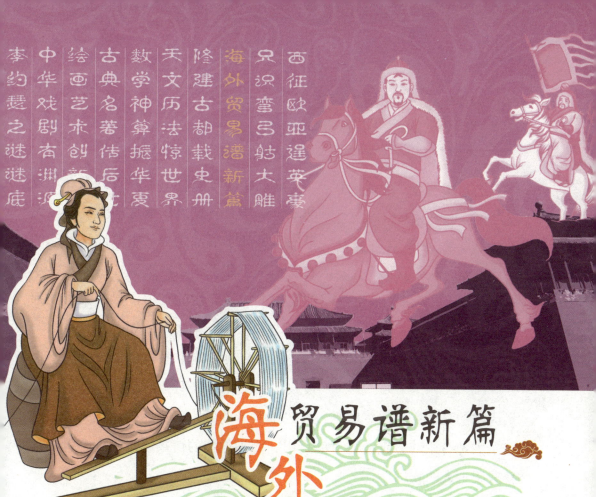

海外贸易谱新篇

蒙古大军三次西征结束后，新建立的四大蒙古汗国和庞大的元帝国横亘在辽阔的欧亚大陆上。东到太平洋，西到地中海，南到曾母暗沙，北跨贝加尔湖，几乎都变成了成吉思汗家族的领地。

庞大的元帝国，经济发展虽然有些畸形，然而，由于对外实行开放政策，海外贸易空前发达，从而带动了手工业、商业和海陆交通运输的飞速发展。

西征和四大蒙古汗国的建立，不仅促进了元朝与世界各国之间频繁的商业往来，也使东西方的文化交流达到了顶点，为先进的中华文明向全世界的广泛传播提供了重要条件，也为人类科学技术的进步创造了良好的契机。

社会经济的复苏

元朝建立后，很快就形成了农业相对落后，手工业和商业非常发达的略显畸形的社会经济。丝绸、棉织品和美丽的青花瓷器是元朝出口海外的重要商品。

元朝的经济确实有些畸形。

蒙古汗国时期，由于蒙古贵族连年发动战争，华夏各族人民惨遭屠戮，许多无辜的百姓死于战乱之中。中原地区发达的农业和手工业受到了严重破坏，耕种多年的良田变成了无主的荒田，热闹繁华的都市变成了萧条冷落的断壁残垣。

蒙古骑兵占领中原以后，统治者不仅没收了金国、南宋两朝的官田，强占了大量无主的荒田；更严重的是，作为战胜者的蒙古贵族还使用武力强行侵占了大量有主的、正在耕作的良田。因为他们的信条就是"把全世界都变成蒙古人的牧场"。

在元朝，汉族大臣写给忽必烈的奏疏中清晰地记载着："今王公大人之家，或占民田近千顷，不耕不稼，谓之草场，专放孳畜。"

面对严重畸形的经济形势，忽必烈发布了禁止占用农田作牧场的诏令。接着，又减免了农民种田的租税，并在边远地区垦荒屯田、兴修水利，开始把农业列为考核官吏的依据。

原产于阿拉伯的棉花就是宋末元初在中原地区开始大规模种植的。农业的恢复为手工业和商业的发展提供了有利的条件。而蒙古贵族骄奢淫逸的生活需求，也为手工业、商业和海外贸易的发展创造了重要机会。

江南丝绸甲天下

元朝，丝绸仍然是海外贸易中最重要的商品。所不同的是丝绸的产地发生了重大的变化：丝绸生产的中心已经从中原地区转移到了长江以南的杭嘉湖地区。

尽管唐朝江南的丝织业已经相当发达，但是，直到两宋时期，中原和川蜀地区的丝织业仍然占据主要地位，不仅潞绸、蜀锦名扬天下，整个中原地区的传统丝织业仍然十分兴旺发达。

元朝建立前后，这种状况发生了重大转变，地处江南的杭嘉湖地区最终发展成为中国丝绸制造业的中心。

> 元朝，丝绸生产的中心转移到长江以南的杭嘉湖地区。其中，湖州的生丝质量最好、最受欢迎；杭州的丝绸产量最高，花色品种最齐全，是元朝海外贸易中最重要的商品。

《 占地利得天独厚 》

元朝，杭嘉湖地区丝绸生产迅猛发展的原因有三个。

第一，宋末元初，杭嘉湖地区受战争摧残最轻，因此，经济恢复最快。

宋元交替，战争相当频繁，长江以北受害最重，人们纷纷逃离战乱，丝绸生产受到了巨大冲击。元朝初年，蒙古贵族强占土地、变良田为牧场，导致中原的丝绸生产受到更加严重的破坏。

蒙古灭南宋，只在长江以北发生过激烈的战斗，蒙古大军过江以后，南宋并没有进行大规模的有效抵抗，很快就投降了。杭嘉湖地区侥幸没有遭受战乱的摧残，为日后丝绸生产的进一步发展创造了良好条件。

第二，在杭嘉湖地区，丝织业受棉织品的冲击最晚。

棉花在东汉时分两路传入中国。其中一路是从印度经东南亚传入海南、广西等地，另一路是通过古老的丝绸之路从西亚传入新疆的。直到宋末元初，中原地区才开始大规模种植棉花，而地处长江以南的杭嘉湖地区种植棉花最晚。

元朝建立时，杭嘉湖地区的丝绸生产没有受到任何损害，当地花色品种繁多、质量色泽极美的丝绸产品很快引起了蒙古贵族的格外重视。因此，杭嘉湖地区就成为元朝官方最重要的丝绸产地。

第三，元朝十分重视海外贸易，海外各国对中国丝绸的需求量很大，因此有一个巨大的丝绸消费市场。而杭嘉湖地区地处东南沿海，民间的航海贸易相当发达，更进一步刺激了丝绸产业的飞速发展。

元朝在泉州、扬州、广州、杭州、宁波、温州、澉浦七个沿海港口城市都设置了市舶司，而这七个城市中就有四个处在浙江境内的杭嘉湖地区。

由于有了这三个重要条件，杭嘉湖地区的丝绸产量很快就跃居全国之首，出现了丝绸生产"风景这边独好"的状况。

《元朝官方丝织业》

元朝丝织业的一个重要特点就是：官营织造业空前发达，在数量上和规模上远远超过了宋金时期。

南方人聪明，技艺高超，被称为"江南巧儿"，在蒙古大军进攻南宋集体屠城时，只有这些工匠能幸免于难。战争中，蒙古人在江南俘虏了大批工匠，设立了许多从事手工业生产的"局院"。到元朝统一全国时，已经形成了一个庞大的官营手工业生产体系。

丝织业是元朝官营手工业的重要组成部分。官营机构生产的丝绸不

仅供皇室、贵族和官僚们大量消费，有时还用于赏赐和对外交往。

尽管皇室贵族对丝绸的需求量相当大，但是，由于生产丝绸的生丝原料来自民间，因此能够提供源源不断的廉价原料。

另外，为数众多的优秀工匠被集中到了官方"局院"中，使得元朝官营手工业始终保持着庞大的生产规模。其中，杭嘉湖地区的杭州织染局、宁波织染局的丝绸产量最高、品种也最齐全。

由于蒙古贵族特殊的审美观念，元朝的高档丝织物背弃了宋代素雅简洁的特色，转而追求精美华贵的风格。例如，元朝杭州官方制造局生产的锦缎和金线妆花缎用料十分贵重，看上去金碧辉煌、华美绝伦。

明清两代官方的工艺美术品与两宋相比都变得追求华丽，略显俗气，也与蒙古贵族喜欢金碧辉煌的织金制品有着重要的关系。

《 元朝民间丝织业 》

元朝浙江民间生产的丝绸与官方明显不同，从产品到装饰都几乎是两个体系。当时民间生产的各种绫、罗、纱、缎、绢、绉和缂丝等传统丝绸产品，仍然保持着轻薄细软的特色。

很多人以为"湖丝"到明朝才美名远播，其实早在元朝就已经很有名气了。元朝，杭州以丝绸名传天下，湖州以蚕丝独占鳌头。在元朝当官的原南宋宗室、著名书画家赵孟頫在湖州就拥有大片的桑园。

杭州丝绸不仅产量很大，而且质量非常好。在著名的《马可·波罗游记》中就有这样记载："杭州出产大量的丝绸，加上商人从外省运来的绸缎，所以当地居民中大多数人总是浑身绫罗，遍地锦绣。"

在元朝发达的海外贸易中，最重要的出口商品有三种：杭嘉湖地区灿若云霞的丝绸，江西景德镇美玉般精致的青花瓷器和松江府品种繁多、结实耐用的棉织品。

在这三种出口商品中，丝绸和瓷器都是唐宋以来的传统出口商品，只有松江府（今上海市）的棉织品是元朝华夏大地上出现的新产品。

说起松江府美丽的棉织品，还同一位中国科技史上的奇人——元朝著名的纺织专家黄道婆息息相关呢！

黄母技艺传万家

黄道婆是元朝著名的纺织专家，她为中国古代棉纺织技术作出了重要贡献：把海南黎族妇女先进的棉纺织技术带回松江，与江南传统的纺织技术相结合，创出了先进的棉纺织技术。

棉花早在东汉时就分两路传入了中国，但是，仅在新疆、海南、广西等少数民族地区作为纺织原料，在中原大地上，只是一种观赏植物。直到宋元时期，棉花才开始作为纺织原料大面积种植。

宋末元初，就在棉花刚刚传入江淮地区不久，江南的松江府出了一位奇人——黄道婆。这位普通的民间妇女把中国的棉纺织技术推向了一个新的高峰。

《 逃往海南学纺织 》

黄道婆（约1245—1330年），又名黄婆，黄母。是元朝初年民间知名的棉纺织家。

黄道婆的真实姓名今天已经无从查考了，人们只知道她是松江府乌泥泾(今上海市华泾镇)人，因为在崖州时长年住在道观里，有女道士的身份，所以人们称她为黄道婆。

黄道婆出身贫苦，十二三岁就卖给人家当了童养媳。白天下地干活，晚上纺纱织布直到深夜，还要遭受非人的虐待。苦难磨炼了她的意

中华文明故事

志，她决心逃出去
另寻生路。

黄道婆逃出家
门，躲在一条停泊
在黄浦江边的海船
上，流落到了海南
岛南端的崖州（今
海南崖县）。

淳朴热情的黎
族同胞十分同情黄
道婆的不幸遭遇，
不仅让她有了安身

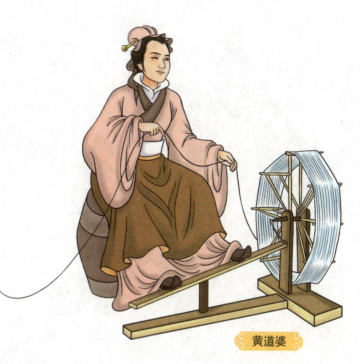

黄道婆

之处，还把黎族的纺织技术毫无保留地传授给了她。当时，海南的棉花种植已经相当普遍，黎族人民的棉纺织技术也远比内地先进，那里生产的黎单、黎饰和鞍塔早已闻名海内外了。

黄道婆聪明勤奋，虚心向黎族同胞学习棉纺织技术，并且融合了黎汉两族人民纺织技术的长处，逐渐成了一名出色的纺织能手。

黄道婆在海南和黎族人民结下了深厚的情谊。她在黎族地区生活了将近30年，在1295年前后，返回了故乡。

《 返回家乡传技艺 》

黄道婆重返故乡松江府乌泥泾时，棉花种植在长江流域已经十分普及，但是棉纺织技术却仍然很落后。黄道婆回到家乡后，毫无保留地把自己从海南学到的精湛的棉纺织技术传授给了故乡的人们。

黄道婆用黎族人民先进的纺织技术，结合自己的实践经验，总结出

黄道婆传艺

了一整套非常先进的生产技术，并热心地向周边的人们传授。

由于黄道婆先进纺织技术的推广，乌泥泾出产的被、褥、带、帨等棉织物很快成了"全国之最"。

据说，当时乌泥泾出产的被褥上有各种美丽的图案，鲜艳如画，有折枝、团凤、棋局等各种花色，而且质量精湛。松江一带很快就成为全国的棉纺织中心。

《 衣被天下美名传 》

黄道婆不仅给家乡的姐妹带回了先进的棉纺织技术，她还根据多年的纺织经验对落后的生产工具进行了重大改进：发明了去棉籽的搅车、弹棉花的椎弓和三锭脚踏纺纱车。为棉纺织技术的提高作出了重大贡献。

由于先进纺织技术的推广，松江一带的棉织品在产量上有了很大的提高，质量也达到了上乘，很快就出现了松江布匹"衣被天下"的盛况。

从那以后，在元朝运往海外的纺织品中，除了传统的丝绸之外，开始出现大量的棉织品。

中华文明故事

1300年，黄道婆去世，当地的人们为她举行了隆重的葬礼，并且在她的家乡乌泥泾镇为她修建了祠堂——黄母祠，充分表达了人民对这位棉纺织业先驱者无限的敬仰和怀念。

元青花瓷大放异彩

元朝输往海外的商品中，比丝绸、棉织品更受欢迎的就是精美的元青花瓷器。由于元青花瓷的出口数量甚至超过了丝绸，有人干脆把元朝的海上"丝绸之路"叫成了"海上丝绸——瓷器之路"。

元朝，随着国内和海外贸易的双重需要，制瓷业有了重大进步。景德镇窑成功烧制出了比历代瓷器都精美的青花瓷器——元青花瓷器。

景德镇生产的元青花瓷富丽雄浑、古朴豪放，绘画精美、气韵非凡，开辟了中国瓷器由素瓷向彩瓷过渡的全新时代。

尽管早在唐宋时期就有了青花瓷器，但是，无论是精美程度，还是工艺水平，都远没有达到元青花瓷器的高度。由于景德镇出产的元青花瓷器非常精美，而且传世量极少，所以异常珍贵。

元青花瓷器的出现，是中国古代陶瓷史上的一次大飞跃，是中华古文明史上的一朵奇葩，同

元青花瓷器

时也使江西景德镇一跃而成为中世纪世界制瓷业的中心。

元青花瓷器的釉面分为三种：影青釉、白釉和卵白釉。

第一种是影青釉，也叫青白釉。元朝早期的青花瓷器大多是这种釉面，成分是国产青料。这种影青釉瓷器，莹润透明，胎骨表面上能看到细密的皮壳层，釉面略有凹凸感，釉色微闪青蓝，温润中略显淡蓝，而且有一种活性之感。

第二种是白釉。元朝中期的青花瓷器大都使用这种料，它的主要成分是进口青料，釉色莹润透亮，光洁润泽，釉面白中泛青，釉厚处呈鸭蛋青色，具有恰到好处的透明度、光亮度和美丽的色泽，看上去甚至有一种闪动感。

第三种是卵白釉。元朝末期的青花瓷器大都使用这种釉面，成分同样是国产青料，釉面比较平整，在釉面较薄的地方略显米黄色。瓷器表面有缩釉现象，足边呈现较浅的火石红色边线，釉面手感温润如玉，光感柔和自然。

元青花瓷器，无论是国产料釉面还是进口料的釉面，都会给人一种清澈深沉之感。青花纹饰整体画面因为受窑温影响存在深浅不一的变化，如果用放大镜仔细观察，可以清晰地看出青花图案的色泽几乎是"活"的，在浓艳之处有一种非常鲜活的"流动状"，这是其他任何一个时期的瓷器都不具备的。

中华
文明故事

〖 美丽的纹饰 〗

元青花瓷器的纹饰品种繁多、美丽非凡。

植物和花卉类的图案有牡丹、莲花、菊花、海棠、山茶、月季、竹石、葡萄、芭蕉和松竹梅等。

动物类的图案有龙纹、凤纹、鱼藻纹、麒麟纹、孔雀纹、鸳鸯纹、海马纹等。元朝的龙纹最有特色，身躯细长如蛇，龙头较小呈扁长形、细长颈，并画有双角，四腿细瘦，尾鬃呈火焰状。

大件的元青花瓷器上都画有人物图案。这些人物主要是戏曲故事和历史故事，呈现出一种全新的艺术境界。图案有楚汉相争时期的韩信、三国时期的诸葛孔明和关云长等，画工精美，具有很强的感染力，是其他时代的青花瓷器无法相比的。

元青花瓷器造型也非常丰富。瓷器工匠们为了满足不同地域、不同人群对瓷器的需求，制作了许多精美的器物。可惜，由于年代久远，流传在世的已经非常少见。今天，只能在高档拍卖会上才能偶尔一睹元青花瓷器的迷人风采。

商业贸易通天下

蒙古的西征大军不仅占领了西亚的广大地区，而且出兵一直打到了欧洲的地中海岸边，并在西亚、东欧建立了四个蒙古汗国。这样一来，不仅断绝多年的陆上丝绸之路很快就重新畅通了，海上丝绸之路也出现了空前的繁荣。

海陆交通的通畅为元朝的商业贸易提供了优越的条件。

《 通畅的商贸之路 》

元朝时期，为了军队调动方便，也为了商队能够通行无阻，从首都——元大都（北京）通往全国各地的驿道全都四通八达，可以直达西藏、云南、天山南北和大漠草原。密布全国的驿站有1500多处，是历代王朝都望尘莫及的。

由于多次西征，从元大都通向国外的道路同样也畅行无阻，穿越大漠往西可以直接抵达波斯、叙利亚、俄罗斯及欧洲的大部分地区。

元朝水路交通也相当发达。两宋时期，由于南北对峙，贯穿南北的大运河出现了大段的淤塞。为了把南方的稻米、丝绸和瓷器方便地运往各个北方重镇，元政府征发了大批民工，重新疏浚了贯通南北的大运河。

不仅如此，为了让南方的物产直接进入元大都城内，元朝还向北开凿了济州河、会通河、通惠河等新的河段，不仅使京杭大运河全线通航，商船还可以直达大都城中的积水潭码头。

《 海上的瓷器之路 》

元朝的陆路贸易主要是通过蒙古的四个汗国与西亚和欧洲建立了广泛的商业联系。元朝的远航海船继两宋之后，继续远航日本、朝鲜、印度，以及东南亚、波斯湾、非洲东海岸的许多国家。

由于元朝十分重视商业贸易，无论官方还是民间，商船的数量和出海航行的次数都远远超过了两宋时期，频繁的出海远航又进一步提高了当时的造船技术和远洋航海技术。为了加强海外贸易的管理，禁止各种非法活动，并保证国家能够得到巨额的商业税收，元政府在这些港口都设立了市舶司，专门管理对外贸易。

元朝的海上贸易是通过泉州、杭州、扬州、温州、明州、广州等多个港口进行的。按照汪大渊《岛夷志略》的记载，当时与元朝有贸易关系的国家和地区多达上百个，东南亚、南亚、西亚、东非的大部分沿海国家和地区都有中国商人航海的足迹。

元朝与日本、高丽两大近邻之间的商贸活动最频繁。当时出口日本

的商品主要有铜钱、香药、经卷、文具和绘画作品，出口高丽的商品主要有瓷器、茶叶、丝织品和书籍。

中国商船从日本输入的货物主要有黄金、刀剑、扇子、描金器等物品，从高丽输入的主要有油漆、高丽参、茯苓、松子、榛子、松花、纸张等物品。

著名的《马可·波罗游记》中这样记载："汗八里（即元大都）城内……无数商人和其他旅客为朝廷所吸引，不断来来往往，络绎不绝。凡世界上最为稀奇珍贵的东西，都能在这座城市找到。"

《 广泛的文化交流 》

元朝，通过战争和商业贸易，华夏民族和阿拉伯国家及欧洲各国的往来比以往任何时候都更加密切，东西方文化在这一时期得到了广泛的交流。

由于蒙古四个汗国的建立，以及部分工匠和技术人员被俘，中国的火药、指南针、炼丹术逐渐通过阿拉伯和西亚传到了西方。同时，蒙古军队也从阿拉伯和西方国家招收、俘获了大批有用的人才。从《马可·波罗游记》中可以看到，有相当多的波斯人、阿拉伯人在元大都做官、经商，东西方的人员交往达到了空前的规模。

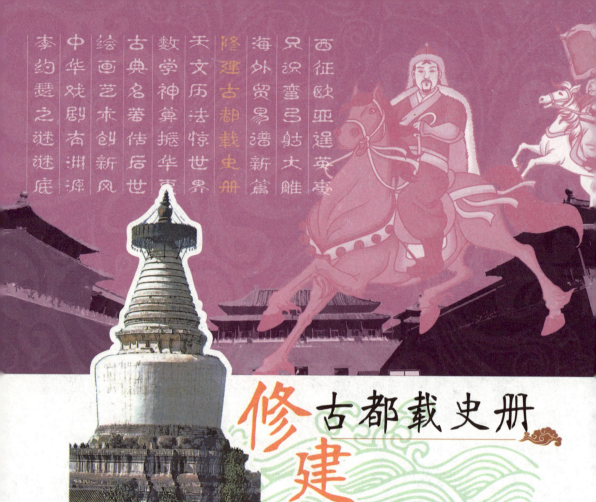

修建古都载史册

老北京人总喜欢说:"先有潭柘八百载,后有北京城。"

为什么会有这种说法呢?原来,北京西山的潭柘寺是西晋永嘉元年(307年)修建的。而金国在蓟城建立国都——燕京时,已经是1150年的事情了,这中间整整相差了八百多年。

其实,这种说法并不完全对,因为北京城的历史并不是从金国建都才开始的,北京的前身——古蓟城建立的时间比西晋修建潭柘寺早一千多年呢!

早在公元前一千多年前,西周分封诸侯的时候,曾经把帝尧的后裔封在蓟城,那时候就已经掀开了这座古城辉煌历史的第一页。据学者考证,古蓟城的位置就在今天北京西南角以广安门为中心方圆20多里的地方。

蓟城在上古归"九州"之中的幽州管辖。东汉时期，蓟城是幽州的首府。唐朝，幽州是北方重镇。宋辽对峙时，幽州是辽国的陪都。

1150年，金国皇帝完颜亮把都城迁到了蓟城，从那时开始，古老的蓟城就变成金国的国都"燕京"。

金国的燕京已经相当繁华，以著名的"燕山八景"闻名于世。金国的"燕山八景"与乾隆皇帝御定的"燕京八景"略有不同，分别为：太液秋风、琼岛春荫、金台夕照、西山积雪、卢沟晓月、玉泉垂虹、蓟门飞雨、居庸叠翠。今天，清波荡漾的北海、红叶如海的香山，以及玉泉山、钓鱼台、玉渊潭、陶然亭当年都曾经是金国皇帝的别苑呢！

元大都皇城与宫城

1260年，蒙古大汗忽必烈建立元朝的时候，都城建在上都（今内蒙古自治区锡林郭勒盟）。攻占江南以后，忽必烈感到上都的位置太偏北，不能作为元朝的中心。1267年，忽必烈帝下令把国都从上都迁到了燕京，并改名为"中都"。1272年，中都又改为"大都"。

元大都在突厥语中被称为"汗八里"，就是"帝都"的意思。元世祖忽必烈迁都燕京的时候，金国原来的宫殿早已经被焚毁了，这位元皇帝只好临时住进了城外的金代离宫——太宁宫中。

忽必烈住进太宁宫，就任命中枢大臣刘秉忠为修建大都城的工程总管，任命大科学家郭守敬负责全城的水利设施，开始了修建元大都的庞大工程。

刘秉忠信奉道教，因为哪吒是传说中道教的"护法"，所以，刘秉忠就按照哪吒的形象设计了元大都的城垣。这就是北京"八臂哪吒城"的由来。

元大都的位置在金国都城"燕京"城的东北面。南城墙在今长安街一线，北城墙在今北土城附近。东西两面的城墙就在二环路的位置上，只是向北延伸得更远些。

1267年，元大都开始动工修建。由于工程浩大，直到1285年才完成了皇城、宫城、中书省、枢密院、太子宫等重要设施的修建。

又过了好几年，都城的外城墙、金水河、钟鼓楼和各坊民居才陆续竣工。

元大都的平面是一个东西短、南北长的矩形，城墙全长60里240步，面积约50平方千米，接近宋代东京汴梁的面积，相当于唐长安城的五分之三。

【 元大都的布局 】

元大都的皇城在城南偏西位置上。据《故宫遗录》记载，元朝皇城"周回可二十里"。皇城的中心就是现在的北海公园。整个皇城占据的就是今天北海公园和周边地区。

皇城东面是太庙，西面是社稷坛，南面和东南是朝廷官员办公的地方——中书省、御史台和枢密院都在这里。

皇城北面的积水潭一带是闹市区。积水潭是漕运的终点码头，码头周边是全城最繁华的商业区。码头边上建有供游人玩赏的美丽的亭园——望湖亭、万春园等。

元大都城是按照《周礼·考工记》中记载的"前朝后市""左祖右社"的严格规定营建起来的。

【 元大都的皇城 】

元大都的皇城是按照蒙古民族"逐水而居"的习惯，以太液池为中心修建的。太液池东岸是以大明殿为主体的宫城，宫城的北面是皇家的御花园，西岸是元朝太子居住的隆福宫和嫔妃们居住的兴圣宫。

元朝的太液池上还建有两座精美的木桥，从瀛洲岛通过木桥可以跨越太液池，直达西岸的隆福宫和兴圣宫。这两座木桥直到大明弘治二年（1489年）才被今天的北海大石桥所取代。元大都的皇城四周建有红墙，也称为"萧墙"，萧墙的东墙外面就是漕运河道。

皇城的正门是南门——灵星门。灵星门的遗址就在今天故宫午门的位置。从灵星门向南，两侧是千步廊，千步廊的最南端就是大都城正中间的南城门——丽正门。

【 元大都太液池 】

元朝的太液池就是今北海和中海（南海是后来兴建的），是皇城最重要的组成部分，也是皇城的中心。所不同的是，元大都太液池的水域比现在的中南海和北海加起来还要宽阔。

太液池中有两座十分美丽的小岛——瀛洲岛和琼华岛，从金国开始这里就是皇家的禁苑，到了元朝，更是成为皇城的精华所在。

瀛洲岛就是今天北海公园内的团城，因为元朝太液池非常宽阔，瀛洲当时四面环水，所以称为瀛洲岛。原金国的太宁宫就建在瀛洲岛上。太宁宫的宫室和亭台楼阁都金碧辉煌，十分壮美，是金、元两朝皇帝和后妃们游览的地方。

琼华岛也是一座美丽的小岛，今天仍然四面环水，坐落在北海的碧波之中。元朝，岛中高高的万岁山上已经奇石层叠，芳草如茵，风景十分秀丽。所不同的是，元朝岛中的万岁山上没有那座美丽的白塔，北海的白塔是清朝才修建的。

今天，我们一进北海公园就能看到那座元朝修建的美丽石桥——永安桥了。永安桥是用汉白玉砌成的，桥的两端各有一座牌坊，北面为"堆云"，南面为"积翠"，所以这座桥也被称为"堆云积翠桥"，至今仍然是连接瀛洲岛和琼华岛的纽带。

《 元大都的宫城 》

元大都的宫城在太液池东岸，东西宽740米，南北长约1000米。宫城的南门是崇天门，也称午门，东面是东华门，西面是西华门，北面是厚载门。元朝的东华门和西华门在今天北京故宫以北，正对着北海的团城。厚载门在今天景山公园少年宫的门前。

元大都宫城的正门外面是金水河，河上建有一座雕刻精美的石桥。据专家考证，就是今天故宫中的断虹桥。

宫城中最重要的建筑是大明殿。大明殿坐落在高大的殿基上，是元帝国皇帝登基、贺寿和举行朝会大典的地方。大明殿左面是文思殿，右面是紫檀殿，后面是宝云殿。这三座大殿四周由亭台、殿宇和楼阁环绕拱卫，非常雄伟壮观。

宫城中最高大的建筑是延春阁。延春阁是拱形攒顶，四周金珠琐窗，窗外围廊环绕，皇帝在这里凭栏远眺，可以观看大都全城的美景。

元大都城垣与街道

元大都城垣的城墙、城门、护城河，城内的街道、钟鼓楼在世界各国的城市中都是独具特色的。直到今天，美丽的北京城仍依稀显示着昔日元朝时的风采。

元大都的城墙很雄伟，高10—12米，墙基宽20—24米，墙顶宽10—15米。筑城墙时采用的是宋朝的方法：先在墙内设好永定木，然后，再加上横木，最后用土夯成。

修建元大都时的十一座城门虽然早就不存在了，但是却保留了"八臂哪吒城"的基本城垣。至今，东西长安街以北的街道，仍然完整地保留着元大都时期的旧格局呢！

由于元大都夏秋两季雨水相当大，夯土筑成的城墙很难经受住雨水的冲刷和浸泡。最初曾考虑过用砖石包起来，但是，因为财力不足，最后只得作罢。

那么，到了雨季怎么办呀？好在当时城外湿地生长着许多芦苇，于是，就专门抽调军队在城外收割芦苇、编织苇席。每年入夏后，由专人负责用苇席覆盖城墙，所以，民间很早就有北京"蓑衣披城"的说法。

元朝末年，因为天下动乱，统治者怕起义的老百姓放火焚烧苇席，才终止了"蓑衣披城"的做法，改为雨季时征调民夫修补。

元大都城墙东西方向为7400米，南北方向为6650米。在南城墙西段顺承门与丽正门之间有一处城墙呈弧形向外凸出。

传说，在修筑南城墙时，有一段城墙正好经过城南庆寿寺海云、可庵二位大师的墓塔。有人把这件事上奏了元世祖忽必烈，于是，这位信奉佛教的皇帝就下旨把这两座墓塔圈到了城内。元大都的南城墙也因此就向外凸出了这么一段。

《 元大都的城门 》

元大都的外城廓共有11座城门。东面的三座城门分别是光熙门、崇仁门和齐化门；南面的三座城门分别是顺承门、丽正门和文明门；西面的三座城门分别是肃清门、和义门和平则门；北面只有两座城门：健德门和安贞门。

传说，南面的三座城门是哪吒的三个头；东、西两面的三座城门是哪吒的六只臂膀；北面的两座城门是哪吒的两条腿。元朝刘秉忠设计的这座"三头六臂哪吒城"为明朝北京城的修建奠定了重要基础。

元大都城门的门道都是宋、金时代的旧制式——大木过梁式方门。当时南宋的许多城市因为战乱频繁，在城门处都修建了有利于防守的瓮城，并且用砖包砌了城台。

元朝由于武力强盛，出兵四面征讨，而且没有任何外来威胁，因此，元大都的城门在相当长的时间内都没有修筑防守城池的设施——瓮城。

《 元大都的街道 》

元大都城内各个相对的城门之间都有大道相通。在著名的《马可·波罗游记》中就是这样记载的："全城的设计都用直线规划。大体上，所有的街道全是笔直走向，直达城根。一个人若登城站在城门上，朝正前方远望，便可看见对面城墙的城门……整个城市按四方形布置，如同一块棋盘。"

元大都城分布着著名的"千步廊街、丁字街、十字街、钟楼街、半边街、棋盘街"等众多街道。据元人撰写的《析津志》记载，元大都的街道"大街二十四步阔，小街十二步阔。三百八十四火巷……"。这火巷就是今天老北京的胡同。

虽然元大都的南面是三座城门，北面是两座城门，但是，从丽正门向北，穿过皇城正中的崇天门、大明门、大明殿、延春门、延春阁、清宁宫、厚载门，直抵中心阁有一条宽阔的御道。

科学勘察表明，这条从丽正门到中心阁的御道宽28米，正好位于元大都皇城中轴线上，是元大都城中最宽阔的街道。考古学家们惊奇地发现这条元大都皇城的中轴线正是今天北京城的中轴线。

学者们对这座古城进行勘察时还惊奇地发现：在元大都的光熙门（东城墙最北面那座门）至元大都城的东北角，有东西方向平列的22条胡同的遗迹；而在东直门（元崇仁门）至朝阳门（元齐化门）之间也有同样保存完好的、平列的22条胡同。其实，这正是元初修建大都城时统一规划出来的。

《 元大都的钟鼓楼 》

中国古代，许多城市都有利用谯楼或城楼击鼓报时的习惯。元大都在市中心区设置了高大的钟楼和鼓楼作为全城的报时机构。

鼓楼上设置了壶漏、鼓角等计时和报时工具。钟楼上建有阁楼，飞檐三重，阁楼内设置了一口大钟。据说钟声十分洪亮，大钟敲响时全城都听得非常清楚。

北京现存的钟鼓楼虽然已经不是元朝的建筑，但是，位置上没有多大变化，并且完全承袭了元朝钟鼓楼的设计功能。

在《马可·波罗游记》中，这位来自西方的游客对元大都的钟楼进行了十分详细的描述："新都的中央，耸立着一座高楼，上面悬挂着一口大钟，每夜鸣钟报时。第三次钟响后，任何人都不得在街上行走。除非遇有紧急事务，如孕妇分娩或有人生病，出外请医生者可以例外。但是，如果遇到这种情况，外出的人必须提灯。"

元大都的水利系统

郭守敬为修建元大都作出了重要贡献：修建了以高梁河水系为中心的、完善的水利设施，把西山清亮的泉水引入了大都城内，修建了通惠河，把西山水系与大运河连成了一体。

很多人都会感到奇怪：辽国的"南京"城和金国的"燕京"城都在今天北京城区西南部的古蓟城——广安门一带，忽必烈修建元大都新城的时候，为什么选在了旧城的东北面呢？

原来，忽必烈考虑的主要就是城市建设中最重要的"水资源"问题。元大都新城选在旧城的东北方向，就是为了建立以高梁河水系为中心的元大都水利工程。

元大都最重要的特点就是"以水为中心"的建设格局，这个设计理念来自于蒙古民族传统的"逐水草而居"的生活习惯。

我国北方的城市大部分都非常缺水，元政权迁都燕京的时候，原来的莲花河水系早已经接近枯竭。那么，负责水利工程的郭守敬如何实现元大都"以水为中心"的城市建设目标呢？

《 开凿通惠河 》

当时的元大都，作为国家的首都，用水量非常大：人们在日常生活中，需要饮用水；为了保障城市安全，需要城壕水；为了浇灌御园的花草树木，需要灌溉水；为了运输粮食和物资，需要漕渠水。这么大的用水量从何处调入城中呢？

早在隋唐时期，人们为了运输方便，就修建了北起涿郡、南达余杭的举世闻名的京杭大运河。但是，这条大运河通航以后，始终没有到达过燕京。

两宋期间，因为长期南北对峙，大运河北段的航道已经淤塞。十三世纪，蒙古大军攻占金国的燕京后，立即就碰到了水资源短缺和北运河缺水影响漕运的问题。

元朝迁都燕京，开始修建元大都的时候，水资源问题再次成了整个工程的关键。负责水利设施的大科学家郭守敬经过对北京周边水系的详细勘察，制定了以高梁河水系为中心的元大都水利系统。

郭守敬（1231—1316年），字若思，河北邢台人，是元朝最杰出的天文学家、仪器制造家和水利工程专家。在修建元大都的工程中，郭守敬最重要的功绩就是科学地解决了北京城的水资源问题，为这座历史名城注入了新鲜的血液，开辟了生命的源泉。

第一步：1291年，在郭守敬的精心规划和指挥下，先修建开挖了一条水道，引昌平神山泉和白浮泉水沿西山南流；沿途收集了北京西山的榆河、玉泉等多股泉水；最后，又截取沙河和清河上游的流水全部汇入了瓮山泊（今颐和园的昆明湖）。

第二步：这位伟大的水利专家又带领民工修筑长堤，把汇入瓮山泊的水经长河（高梁河）引入西城和义门（今西直门）的水关，并顺利地注入了积水潭。本来干涸的元大都首次迎来了西山丰沛、清澈的泉水。

第三步：工程到此并没有结束，在郭守敬的主持下，这条水道继续延伸，经积水潭东的万宁桥（今后门桥）沿皇城的东墙外流过沙滩、北河沿、南河沿，经御河桥向南，流出丽正门的东水关，然后流入文明门外的金闸河。最后，又从金闸河往东经过通州的张家湾，注入运河古道。

至此，从昌平白浮村到通州的运河古道终于全线贯通。这条水道全长约82千米，元世祖忽必烈亲自命名为"通惠河"。

郭守敬主持的这项工程十分艰巨。为解决从昆明湖到积水潭的河道水位落差问题，郭守敬采用了"提闸过船"法，在河上修建了青龙桥闸、玉泉新闸、广源闸、高粱闸、澄清闸等二十多座水闸。

今天，这条古老的河道虽然已经不能全线通航，但是，从动物园通到昆明湖的河道——"长河"依然能够通航。游人在动物园旁边北京展览馆的游船码头上花30元钱，就能乘船沿着元朝开挖的古老河道直接到达颐和园的昆明湖！游船经高粱桥——白石桥——紫竹院——广源闸——万寿寺——长春桥，进入昆明湖的南端。其中，广源闸基本保持着当年郭守敬设计的原样。

《 积水潭景色 》

元朝的积水潭水面非常宽阔。今天的积水潭和什刹海都只是元朝积水潭的一小部分。

由于南方的漕船和各地的货船都停泊在积水潭宽阔的水面上，因此，不仅积水潭码头上出现了"舳舻蔽水"的繁荣景象，连码头周边也变成了供达官贵人游玩、赏景的去处。

据元人撰写的《析津志》记载："西斜街临海子（即积水潭），率多歌台酒馆，有望湖亭，昔日皆贵官游赏之地。"元世祖看到积水潭码头的盛况，十分欣赏，就给这条人工运河取了"通惠河"这个形象的名字。

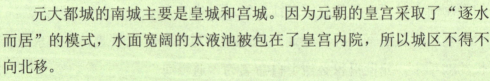

《 环水商业区 》

元大都城的南城主要是皇城和宫城。因为元朝的皇宫采取了"逐水而居"的模式，水面宽阔的太液池被包在了皇宫内院，所以城区不得不向北移。

北部城区因为开挖通惠河，使积水潭成了京杭大运河的终点码头，所以积水潭沿岸的街区不仅是达官贵人的玩赏之地，而且是京城最繁荣

的商业区。

今天什刹海附近的古楼大街一带是元大都最热闹的商业街，这里云集了全国各地的富商巨贾。设有米市、面市、缎子市、珍宝市、珠子市、皮帽市、鹅鸭市、柴炭市、铁器市等各行业的市场，是元大都最重要的商业中心。

据《马可·波罗游记》记载："凡世界上最为稀奇珍贵的东西，都能在这座城市找到，特别是印度的商品，如宝石、珍珠、药材和香料。"

《 元大都遗址公园 》

昔日的元大都早已经成为遥远的过去，元大都北城垣的遗址早已经变成了美丽的元大都遗址公园。公园横跨海淀和朝阳两区，全长十多千米，是北京市城区内最大的带状公园，也是集历史遗迹保护、生态环境治理和休闲游览娱乐于一体的重要工程。

这里不仅有元大都城垣的历史遗迹，还有北京城区最大的海棠林呢！

现在"海棠花溪"已经是元大都遗址公园中最著名的景区。景区种植了西府海棠、贴梗海棠、金星海棠、垂丝海棠等2000多株著名的海棠树，是城区内最大的海棠林。在这里，不仅可以欣赏美丽的海棠花，还可以领略元大都昔日的风采呢！

天文历法惊世界

　　中国古代帝王都信奉"君权神授、天人合一"的观念，所以，每一个新王朝建立后都要修订新的天文历法，元朝也不例外。

　　1276年，元军攻下南宋的都城临安。统一大江南北之后，踌躇满志的元世祖忽必烈就下令设立了太史局，并任命许衡、王恂和郭守敬三位重要官员负责修订新王朝的天文历法。

　　在三位学者型官员的带领下，元朝的天文学家们建立了当时世界上最先进的天文观测台，制作了当时世界上最先进的天文观测仪器，取得了当时世界最精确的天文观测成果。

　　此后，学者们又以这些先进的科学成果为依据，制定了当时世界上最先进的天文历法——《授时历》。

领先世界的天文台

在元帝国时期，天文台的建设首先达到了世界最高水平，为中国古代天文学的研究与发展提供了重要保障。

著名的元上都司天台、元大都司天台和登封观星台都是元朝时修建的重要天文观测台。

据科学家考证，元朝建立以后，修建了27座天文观测台，最著名的有3座：元上都司天台、元大都司天台和登封观星台。这是当时世界上3座最先进的天文观测台。

《 元上都司天台 》

蒙古汗国的国都最初选在元上都，位于内蒙古锡林郭勒盟正蓝旗驻地，蒙古汗国时期在这里建立了第一个国家级天文台——元上都司天台。

元朝至元四年(1267年)，波斯天文学家札马鲁丁向忽必烈大汗进献了自己撰写的《万年历》，并献上了他亲手制作的阿拉伯天文观测仪器，用以观测和研究天象。

波斯学者札马鲁丁

至元八年(1271年)，忽必烈在上都正式设立了第一个掌管天文历法的官衙——承应阙，也就是著名的"上都司天监"。因为第一任司天监提点是波斯学者札马鲁丁，所以人们也称他为"回回司天监"。

元上都司天台是元朝初年的天文学研究中心，具有世界一流的科学水平。据《元史·历志二》记载，当时元上都司天台藏有札马鲁丁从波斯带来的、译成阿拉伯文的古希腊重要科学典籍：托勒密的《天文学大全》和欧几里德的《几何原本》等。

元朝著名天文学家郭守敬曾经长期在元上都司天台工作，深受札马鲁丁的影响。他在这里还可能研读过托勒密的《天文学大全》和欧几里德的《几何原本》等古希腊科学著作呢！

〖 元大都司天台 〗

忽必烈迁都以后，在元大都修建了著名的元大都司天台。这座天文台是当时世界上规模最大、设备最完善、管理最科学的天文观测台。

据记载，元大都司天台是元世祖忽必烈在1279年批准兴建的，遗址在今北京建国门外的泡子河北岸。元大都司天台规模宏大，南北长100丈，东西宽25丈，高达7丈，共3层。

元大都司天台最下层是办公的地方，太史令和其他司天监的工作人员都在这里办公。据推测，在元大都司天台仅负责推算、测验、漏刻的就有70多人。

中间一层是放置天文资料的地方，按离、巽、坤、震、兑、坎、乾、艮八个方位分成8个房间，放置图书资料、天球仪和漏壶等。

最上面一层是专门观测天象的地方，安装着大量天文观测仪器，有简仪、仰仪、玲珑仪和圭表等。天文学家们在这里观测和记录天极的位置、日月星辰的运转，日食和月食以及彗星、流星、陨石雨等异常天象。

《 登封观星台 》

为了制定新历法，元朝在东西6000多里、南北11000多里的广阔范围设置了27座天文观测站，登封观星台是当时的中心观测站。

登封观星台建于元世祖至元十三年（1276年），距今已有700多年的历史。这座观星台位于河南登封东南15千米的告成镇，是我国现存最古老的天文观测台，也是世界上著名的古代天文台遗址。

登封观星台由巍峨高大的台身和量天尺组成。这座天文台底边长16米，有迂回盘旋的踏道直通台顶，在边长8米的台顶上还建有3米多高的观测室，总高度达12.62米。

在登封观星台的台顶上安装着各种先进的天文观测仪器。最巧妙的是观星台上的横梁、石壁和地上长长的石圭，组成了一组专门观测日影的仪器——量天尺。

天文学家依据横梁影子在圭表上的位置划分为春分、秋分、夏至、冬至等节令，并以此推算其他重要天文数据。登封观星台的石圭长度达31.19米，居子午方向，与观星台垂直，设计得非常科学、合理。

这座观星台的重要作用就是"昼参日影，夜观极星，以正朝夕"。科学实验表明，由于石圭的长度达31.19米，科学家们用横梁在石圭上的投影来确定日影的长度时，观测误差只有正负0.2厘米，比300多年以后西方最精密的天文观测仪器还要精确得多。

中古时期，全世界没有任何一座天文观测台在观测天象时能达到这么高的精确度！

领先世界的天文学仪器

元帝国时期，不仅天文台的建设水平高于西方，在观测仪器制作方在元朝天文学家中，郭守敬的贡献最为突出，他主持制作了简仪、仰仪、高表、景符、候极仪、立运仪、定时仪、日月食仪等10多种领先世界的天文观测仪器。

面更是远远超过了文艺复兴以前欧洲各国的天文学家。

元朝，在天文仪器制作方面作出重大贡献的科学家首推郭守敬。

郭守敬从小聪明好学，是大学者刘秉忠的学生，并且跟随元上都天文台"回回司天监"札马鲁丁学习过数学和天文历法。

郭守敬年轻时就用竹篾做成的"浑仪"观察过日月星辰的运行。后来，他修改和发明了许多天文仪器，为元朝天文学的发展作出了重大贡献。

郭守敬很早就认识到"历之本在于测验，而测验之器莫先仪表"。强调准确的历法必须以精确的天文观测结果为依据，而天文观测的精确度在很大程度上依赖于观测仪器。

为了提高天文观测的精确度，郭守敬一方面改进了旧的天文观测仪器，另一方面还研制出了许多全新的天文观测仪器。为此，《元史·天文志》上称赞郭守敬研制的天文仪器"皆臻于精妙，卓见绝识，盖有古人所未及者"。

《 简仪的创制 》

中国古代最重要的天文观测仪器就是浑仪，先秦时期的典籍《尚书·尧典》中就有了"璇玑玉衡，以齐七政"的记载。汉朝学者郑玄认为，"璇玑玉衡"指的就是浑仪。

元世祖至元十三年（1276年），郭守敬通过对浑仪的大胆革新，创造出了更先进的天文观测仪器——简仪。

元朝以前进行天文观测使用的都是浑仪，浑仪存在重大缺陷：白道坐标、赤道坐标、黄道坐标和地平坐标都安装在同一个系统里，导致坐标环圈相互交错，遮挡了观测者的视线，用起来很不方便。

北宋沈括虽然对浑仪进行过改进，变动了赤道坐标和黄道坐标的位置，并且取消了白道坐标，但是，保留下来的环圈对天文观测仍然有很大的影响。

郭守敬在沈括的启发下，大胆地取消了白道环和黄道环，并且把赤道坐标和地平坐标分成了两个独立装置。这样一来，传统的浑仪就被改变成了使用方便的全新观测仪器——简仪了。

郭守敬设计制作的简仪是四根斜立的支柱托着一根正南正北方向的轴，两面刻着周天度数的赤经双环围绕着这根轴旋转；双环中间夹着观测天空的窥管。窥管可以很方便地绕着赤经双环的中心旋转。

这样一来，只要转动赤经双环和窥管，不仅可以很方便地观测天空中任何方位的天体，还可以从环面的刻度上读出天体的去极度数。

由于受到阿拉伯天文观测方法的启发，郭守敬还改变了传统的圆周分割方法，将一个圆周分成了3600份，使刻度与读数比以往更加精确和方便。为了便于赤道环圈的旋转，郭守敬还在简仪上应用了世界上最早的滚珠轴承装置。这

郭守敬

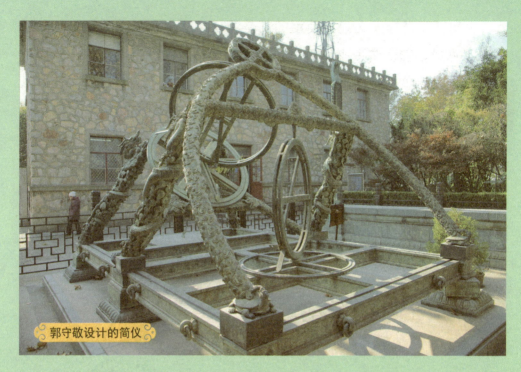

郭守敬设计的简仪

项重要的发明，比利奥纳多·达芬奇同样的发明领先了近200年。

　　可惜的是，元朝的简仪没能保存下来。现在保存在南京紫金山天文台的简仪是明朝正统年间仿制的，今天我们只能通过史料和这架明朝的仿品来了解这位伟大天文学家的设计思想了。

《 圭表的改进 》

　　郭守敬对天文仪器的第二项重大改革，就是对传统"圭表"的改进。圭表是由"圭"和"表"两个部件组成的，圭和表相互垂直。所谓"表"是一根垂直于地面的标杆，而"圭"则是从表下端向北延伸出来的长石条。

　　每到正午，"表"的影子就会落在"圭"上面，观测者就根据表影的长短测定春分、秋分、夏至、冬至四个重要节令，并推算出其他重要的天文数据。

中华
文明
故事

尽管在华夏大地上，圭表的使用从西周就开始了，但是，由于古代的圭表长度不够，再加上太阳半影的干扰，直到隋唐和两宋，用圭表观测的数值都不够精确。

郭守敬改进的圭表相当科学。首先，他对"表"进行了改进，表不再是一根简单的标杆，而是两条铜龙抬着的一根横梁。表的高度也大大增加了，传统圭表的"表"只有八尺高，而改进后的"表"最高达36尺。所以，元朝的圭表也称"高表"。

郭守敬对"圭"也进行了改进。元朝的"圭"虽然仍是石圭，但是，由于尺寸很长，刻度非常精细，分为尺、寸、分、厘、毫五个数量等级。

由于不再测量表端的投影，改为测量"表顶"横梁的投影，再加上大大增加了"表"的高度和石圭的长度，因此，圭表的观测精确度得到了很大的提高。据记载，元朝圭表的观测精确度可以达到万分之一米。前面我们讲过的元朝河南登封观星台的"量天尺"，其实就是保存至今最先进、尺寸最长的圭表。

《 仰仪的创制 》

郭守敬设计制作的仰仪也十分神奇。使用仰仪可以准确地读出太阳的"去极度"和当地真实的"太阳时"。特别是发生日食的时候，这架仰仪可以连续地记录日食发生的全过程。

仰仪还解决了以前观测太阳时阳光刺眼的苦恼，使仰视观测太阳变成了俯视观测。因此，仰仪也是当时世界上最科学的天文观测仪器。

除了简仪、高表和仰仪，郭守敬还主持制作了景符、候极仪、日月食仪、立运仪、定时仪、悬正仪、座正仪等10多种天文仪器。清朝初年，西方学者、传教士汤若望来到中国时，对郭守敬创制的这些天文观测仪器感到无比的敬佩，称赞他是"中国的第谷"。

郭守敬是13世纪的学者，而第谷·布拉赫已经是16世纪的人了。可以说，郭守敬在天文仪器制作方面比第谷·布拉赫早了300多年。

领先世界的天文观测

为了精确观测天象，在郭守敬的建议下，忽必烈下令在原上都、大都、登封等五大天文观测台的基础上，又陆续建立了20多处天文观测的台站。最南端的靠近南海，最北端的接近北极圈。

元朝的疆域空前宽广。大规模的天文台修建和天文观测仪器的改进，为天文观测研究提供了空前的优越条件。

元朝至元十五年（1278年），郭守敬向元世祖忽必烈提出了在大范围内进行天文观测的建议。

《 宽广的观测范围 》

郭守敬在奏章中提出，唐朝开元年间一行和尚进行天文观测的时候设置了十三个观测站。现在，元朝的疆域比唐朝大得多，必须设置更多的天文观测站才能保证天文观测的精确度。

由于元朝疆域辽阔，最南端的南海天文观测站设在占城（位于今越南南部），最北端的"北海测景所"已经十分接近北极圈了。

郭守敬率人进行的天文观测中，最突出的成果是对周天恒星的观测，不仅重新测定了二十八宿之间的"距度"，而且使中国古代观测到的恒星总数远远超过了古人，也超过了西方。

《 恒星位置的观测 》

我国古代天文学家测定恒星位置时，依据的是二十八宿之间的距离——"距度"。

二十八宿是28个恒星群，每一宿有若干颗恒星，并以其中最重要的那颗星为代表，作为这一宿的"距星"。两颗距星之间的距离叫作"距度"，是确定恒星位置的重要依据，在古代天文测量中具有十分重要的意义。

元朝以前，天文学家们曾经进行过五次"距度"的测量，误差都比较大。北宋崇宁年间的观测是最精确的，但是，绝对误差仍然达到了4°32′，平均误差高达9′。

元朝郭守敬主持的周天恒星观测，绝对误差只有2°10′，平均误差仅4.5′，精确度远远超过了两宋时期。

由于改进了天文观测仪器，郭守敬等人观测到了前人从没有观测到的1000多颗恒星。南宋的"黄裳原图"标出了1430多颗恒星，欧洲在文艺复兴前观测到的恒星只有1022颗，郭守敬观测到的恒星总数则达到了2500多颗。不仅远远超过了前人，而且遥遥领先于西方。

郭守敬精确测定了冬至时刻太阳的准确位置，得出了太阳的视运动在冬至点速度最高，在夏至点速度最低的结论。郭守敬精确测定了月亮近地点的时刻，也就是冬至时刻月亮到黄白交点的距离。郭守敬还精确测定了二十四节气、元大都日出日没的时刻以及昼夜时间的长短。

领先世界的精密历法

从1276年开始，在许衡、王恂和郭守敬的共同努力下，经过多次精确的天文观测，并参考中国历代的天文历法成就，终于制定出了元朝全郭守敬、许衡等人主持修订的《授时历》非常准确。按照当时的测定，一个回归年为365日5时49分12秒；用现代科学技术做出的最精确测定值是365日5时48分46秒。两者相差仅26秒。

新的天文历法——《授时历》。

许多人只知道《授时历》出自郭守敬之手，其实，制定这部历法时许衡和王恂两位学者也作出了重要贡献，同样功不可没。只不过他俩去世比较早，后期的许多工作主要是郭守敬完成的。

元朝至元十八年（1281年），朝廷终于颁布了这个新历法——《授时历》，此时许衡和王恂二人都已经去世了。《授时历》完全以实际观测结果作为制定历法的依据，是当时世界上最精确的历法。

按照《元史·历志》的记载，由郭守敬、许衡和王恂三人主持制定的这部《授时历》"自古及今，其推验之精，盖未有出于此者也"。

《 著名学者许衡 》

许衡（1209—1281年），字仲平，人称鲁斋先生，焦作人，著名理学家兼科学家。

许衡

许衡是一位精通天文、历法的理学大家，所以，在至元十五年（1278年），元世祖忽必烈任命许衡担任了太史局的领导工作，全面负责元朝新历法的制定，并任命王恂和郭守敬担任他的副手。

据保存至今的《元朝名臣事略》记载，许衡是《授时历》的主编，在许衡的遗著《许文正公遗书》中还记载有《授时历》全文呢。可见，在《授时历》的制定过程中许衡作出了十分重要的贡献。

明初著名学者宋濂在《元史》中赞扬许衡的功绩："至元十三年，世祖诏前中书左承许衡、太子赞善王恂、都水少监郭守敬改订新历……自古及今，其推验之精，盖未有出于此者也。"

《 著名学者王恂 》

王恂（1235—1281年），字敬甫，河北唐县人，也是元朝著名数学家、文学家和科学家。王恂自幼十分好学，曾与郭守敬一道师从著名学者刘秉忠学习数学和天文历法，精通历算之学。

1253年，忽必烈任命王恂辅导皇太子真金。中统二年（1261年）王恂晋升为太子赞善，后来又担任国子监祭酒（教育部部长）。至元十三年（1276年）王恂和郭守敬一道被任命为许衡的副手，组织

王恂

太史局（后改称太史院），并担任太史令，主持天文观测和历法修订。

王恂、许衡和郭守敬一起参考前朝的历法，组织天文观测，在编制《授时历》的过程中，做了许多重要工作。《元史·王恂传》中对他的科学贡献也有很高的评价。

〘 精密的《授时历》〙

许衡、郭守敬和王恂主持修订的《授时历》非常精密。例如，按照《授时历》的精确记载，一个回归年为365.2425日。现代的观测结果表明：一个回归年的时间是365.24219日。《授时历》中的记载与这个现代测定值非常接近，相差仅0.00031日。

1281年，许衡和王恂先后去世，郭守敬为《授时历》的最后定稿和最终颁布做了重要的收尾工作。

1281年开始，《授时历》开始在元朝颁布使用。这部历法是当时世界上最先进的天文历法。1981年，为纪念郭守敬诞辰750周年，国际天文学会把月球上的一座环形山命名为郭守敬山。

现在世界通用的公历是罗马教皇格里高利十世于1582年颁布的《格里高利历》。科学研究证实：《格里高利历》与《授时历》的回归年测算结果是完全相同的。然而，《授时历》颁布于1281年，比《格里高利历》整整早了300多年。由此可见，直到元朝，中国的科学技术水平仍然远远走在世界的前列！

郭守敬不仅在天文仪器制作、天文观测和天文历法修订三个方面都作出了重要的贡献，还给我们留下了多部优秀的科学著作，保存下来的郭守敬的天文学著作有14种、105卷，在我国古代天文学家中，他的著作最丰富。

近年来，有些人总喜欢宣扬"中国古代没有自然科学"的荒谬观点，只能说他们对中国科学技术发展史不太了解，我们不能罔顾历史事实，更不能"数典忘祖"。

其实，无论在古代还是在现代，天文学始终是自然科学的带头学科。西方的哥白尼革命不就是从天文学开始的吗？爱因斯坦的广义相对论不同样也与天文学息息相关吗？郭守敬领先世界的天文学成就，在世界天文学发展史上也是得到世界认可的、彪炳千秋的伟大成果！

宋朝以来，由于程朱理学独受尊崇，诸子百家惨遭排斥，自明清以后，中国古代自然科学的发展渐渐放慢了脚步。但是，如果以此否认宋元时期及宋元以前中国古代自然科学领先世界的事实，就是典型的历史虚无主义了！

数学 神算振华夏

元朝中叶，学者们不仅在天文、历法方面取得了举世瞩目的成果，雄居世界的前列，在数学领域也是成就辉煌，远远领先于欧洲，走在了世界数学研究的前沿。

宋末元初，中华大地上出现了四位伟大的数学家——秦九韶、李冶、杨辉和朱世杰。他们在数学领域作出了重大贡献，特别是在高次方程的数值解法、高阶等差数列、幻方图以及一次联立同余式求解等许多数学难题的研究都走在了世界的前列。后人称他们为"宋元四杰"。

秦九韶大衍求一术

位于"宋元四杰"之首的是秦九韶。

秦九韶（1208—1261年），字道古，南宋安岳（今四川省安岳县）人。秦九韶的父亲担任过南宋的工部郎中和秘书少监，掌管皇家图书馆和太史局，他从小就有一个良好的学习环境。

秦九韶学识渊博，以精通数学、天文学和音律闻名于世。史书上称赞他"性极机巧，星象、音律、算术，以至营造等事，无不精究……游戏、毬、马、弓、剑，莫不能知"。可见，秦九韶是一位不可多得的精英人物。

秦九韶虽然是儒家学者，但是，与南宋理学的大多数学者不同，他还具有一种"数学与原始儒学同源"的学术思想，在《数书九章》中他明确提出了"数与道非二本"的观点。

秦九韶知识渊博，治学严谨，他撰写的《数书九章》是宋元时期最重要的数学著作之一。他第一个把象数之学中的"河图""洛书"与数学中隐藏的奥秘联系在了一起。

秦九韶

秦九韶少年时代饱经战乱，入仕后曾经在湖北、安徽、江苏、浙江等地做过地方官。晚年受奸相贾似道打击，贬于梅州，53岁就去世了。

《 多项数学成果 》

秦九韶非常重视数学的实践性，在《数书九章》中，他详细论述了数学在天文历法修订、土地测量、工程建筑和财政管理中的重要作用。

秦九韶在《数书九章》这部巨著中，记载了他取得的三项重大数学成果：

第一，秦九韶对中国古代数学中的"开方术"进行了重点研究，最先提出了解方程中的"正负开方术"。秦九韶发展了魏晋时期刘徽的开方法，第一次使用十进制小数表示方程无理根的近似值。这是当时世界数学史上最重要的成就。

第二，秦九韶在前人研究基础上，利用北宋大数学家贾宪创立的"增乘开方法"创立了高次方程的数值解法。这是世界上最早的高次方程解法。西方数学家霍纳后来也得到了类似的方法，但是比秦九韶晚了500多年。直到今天，这种高次方程的数值解法仍然被世界数学界称之为"秦九韶程序"。

第三，秦九韶解决了魏晋南北朝时期提出的"一次联立同余式求解"的重大问题，创立了著名的"大衍求一术"。他推导出的方法至今仍然被世界数学界称为"中国剩余定理"。

《 中国剩余定理 》

对于这个著名的"中国剩余定理"，也就是秦九韶的"大衍求一术"。大家可能还记得，在第四卷，我们讲过一个有趣的小故事：

楚汉相争之际，韩信用兵如神，深受钦敬。有一次，刘邦手下最重要的谋士萧何问韩信："将军用兵神机妙算、决胜千里，难道真的有什么诀窍吗？"

这时候，韩信手边正巧摆着一盘围棋。于是，韩信就笑着对萧何说："哪里有什么诀窍呢！只不过是用了一点儿算数的方法，您要是想知道诀窍，就抓几个棋子，然后，我再告诉您。"

萧何就随手抓了一把棋子。韩信对萧何说："您先三个三个地数，再五个五个地数，最后七个七个地数，只把每次数得的余数告诉我。我就知道您抓了多少个棋子。"

萧何哪里肯信！于是，就开始数手中的棋子，数完之后告诉韩信说："我抓的棋子，三个三个地数剩1，五个五个地数剩2，七个七个地数也剩2。"韩信立即就算了出来："您抓了37个棋子，对吗？"萧何回答说："对极了，正好是37个，您是怎么算出来的呢？"

当韩信准确地算出萧何手中的围棋子一共有37颗的时候，萧何感到非常吃惊，他好奇地一再追问韩信："您是怎么算出来的呢？"

这时候，韩信给他背了一首诗：

> 三人同行七十稀，
>
> 五树梅花二十一，
>
> 七子团圆正半月，
>
> 除百零五便得知。

把韩信的"口诀"列成我们今天常用的数学算式就是：

$(1 \times 70) + (2 \times 21) + (2 \times 15) - 105 = 142 - 105 = 37$

这个小故事就是著名的"孙子问题"。《孙子算经》的作者虽然早在魏晋南北朝时期就已经给出了韩信吟唱的这首诗，但是，并没有告诉我们3、5、7这几个数字是怎么来的，更没有说明这个方法是怎么推导出来的，是秦九韶从根本上解决了这个问题。

秦九韶通过对这首歌诀的仔细研究，认识到歌诀中的105刚好就是3、5、7这三个数的最小公倍数，用这个最小公倍数105分别约去模数3、5、7，分别得到35、21、15。然后再用这个数分别乘以各自被模数整除时得到的余数，就可以得到70、21和15这三个重要数字了。

即：$(3 \times 5 \times 7) / 3 = 35$　用35再乘以35/3的余数2，就得到70。

（3×5×7）/5 = 21　用21再乘以21/5的余数1，就得到21。

（3×5×7）/7 = 15　用15再乘以15/7的余数1，就得到15。

什么是素数呢？素数就是只能被自身和1整除的数。"孙子问题"歌诀中的3、5、7都是这样的数。对素数研究最有成就的中国数学家是攻克哥德巴赫猜想的陈景润。

公式中的三个模数3、5、7和三个余数2、1、1都是自然数中的素数。对这个规律加以推广，就可以把孙子算法应用于任何这类问题的求解。这就是秦九韶所得到的世界公认的"中国剩余定理"，即世界上最早的"联立一次同余式"的求解方法。

欧洲著名的数学家欧拉于1743年才得到与秦九韶相同的结论，而另一位欧洲数学家高斯到1801年才得到同样的结果。这两位数学家都比秦九韶晚了500多年呢！

李仁卿精研天元术

宋元四杰中，与秦九韶同一时代的数学家是生活在北方的李冶。

李冶（1192—1279年），字仁卿，河北栾城人。李冶的父亲是金国的官员，很有学问，因厌恶官场，辞职后隐居在阳翟(今河南禹县)，吟诗作画，不再过问政事。但是，他的人品学问在当地很受称颂。

李冶幼年在河北省元氏县求学，数学和文学都很有造诣。《元朝名臣事略》中称颂李冶说："公幼读书，手不释卷……"可见他非常好学。

1230年，李冶考中进士，不久就赶上天下大乱的局面——蒙古大军开始入侵。于是，他也像父亲一样离开官场，成了一名学者。

《 潜心做学问 》

1232年，蒙古大军攻破钧州的时候，李冶正在晋北的崞山（今山西原平）隐居。不久，金国灭亡，李冶完全投入了学术生涯。

在崞山，李冶结识了元好问、张德辉、聂珪、王鹗等著名学者，他的数学名著《测圆海镜》就是在这个时期完成的。

1251年，李冶回到了河北元氏，定居在封龙山上，开始潜心研究学问，并收徒讲学。因为前来求学的人越来越多，家里容纳不下，师生们就在北宋名相李昉读书堂的故址上建起了著名的"封龙书院"。

在封龙书院，李冶呕心沥血、诲人不倦，培养出了大批有用之才。李冶的另外一部数学名著《益古演段》就是在封龙山隐居期间完成的。

据《元史·张德辉传》记载："张德辉天资刚直，博学有经济器……与元裕、李冶游封龙山，时人号为'龙山三老'。"

1265年，李冶因为学识渊博，名声彰显，被元世祖忽必烈任命为翰林学士，并想让他主持撰修国史。但是，李冶根本就不想当官，在官场上只待了一年就回去重新继续他的数学研

李冶在数学上的重要贡献有三项：第一，对勾股容圆问题提出了独到见解；第二，创立了最早的天元术——列方程和解方程的重要方法；第三，发明了"零"和"负号"，发明了完整的小数记数方法。

李冶

龙山三老

究了。原因很简单，李冶是个追求思想自由的人，不愿意当朝廷的御用文人。

李冶曾说：起草诏书，得听天子的；编修史书，得听宰相的。都不能随便发表自己的真实观点，而只能阿谀逢迎，真正有学问的人一定会笑话的。所以，他很快就找借口离开了官场。

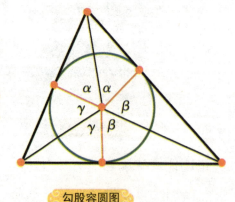

勾股容圆图

《 勾股容圆有独创 》

所谓"勾股容圆问题"，今天也被称为"三角形内切圆问题"，属于三角形与圆之间的关系问题。李冶对这个问题的研究非常有独创性。

李冶北上崞山，撰写《测圆海镜》时，把勾股容圆（即三角形内切圆）问题作为一个系统问题进行了深入研究。李冶使用"勾股方法"推导出了多个勾股容圆问题的实用公式，解决了大量实用测量学问题。李冶在《测圆海镜》中不仅给出了9种求直角三角形内切圆直径的方法，而且推出了求三角形内切圆直径的新公式。

《 天元术的问题 》

李冶在数学领域的第二个重大贡献，就是在《测圆海镜》和《益古演段》两部书中创立了我国最早的天元术——列方程和解方程的重要方法。

从汉朝的《九章算术》问世，古代的数学家们就开始研究方程了。但是，在李冶之前，数学家们都是采用文字叙述的方法列方程，这种方法非常复杂。随着数学研究的深入，迫切需要一种列方程的简单方法。这个简单方法就是李冶的天元术。

李冶的天元术就是现代数学中列方程的方法，那为什么叫"天元术"呢？

原来，李冶列方程的第一步就是"立天元为某某"，也就是现代初等数学中常用的设"未知数x为某某"，所以这种方法被称为"天元术"。

第二步，根据问题给出的条件，列出若干个包含这个天元（也就是未知数x）的多项式——包含未知数的高次方程。然后，再利用"消元法"把若干个高次方程变成一个高次方程。

第三步，用增乘开方法求出这个高次方程的根。从李冶的《测圆海镜》和《益古演段》中可以看到，他所创立的"天元术"与现代数学中代数方程的列法、解法已经完全相同了。

欧洲数学家在16世纪才得到与李冶相同的方法，但那已经是300多年以后的事情了。

〖 零与小数记数法 〗

零以外的九个数学符号，早在秦汉以前的筹算中就已经出现了。在筹算的算式中，人们只要遇到"零"就认作空位，始终没有"零"这个符号。因此，表示数字非常不方便。

李冶在1248年左右撰写的《测圆海镜》中最先创立了"零"这个数学符号。不仅如此，在这部书中他还第一个使用了"负号"，并且创立了用小数表示方程根的重要方法，这是我国数学史上最重要的成就。

比秦九韶、李冶稍晚，同样在数学领域作出重大贡献的是杨辉。

杨辉九宫幻方图

杨辉在数学史上的最重要贡献之一就是在"贾宪三角形"的研究基础之上创立了著名的"二项式定理"。在西方，二项式定理是牛顿在1660年后才创立的，要比杨辉晚300多年。

杨辉，字谦光，浙江钱塘（今杭州）人，是"宋元四杰"中最重要的数学家。

由于宋元以后对理学以外的学者非常轻视，因此，杨辉的生卒年代今天已经无从查考了。今天，我们只知道杨辉当过南宋的地方官，在1261-1275年间撰写过多部数学著作，有《详解九章算法》《日用算法》《乘除通变本末》和《续古摘奇算法》等。

从这些数学著作的撰写时间上可以看出，宋末元初，是杨辉的数学研究到达顶峰的辉煌时期。

《 古代数学的传承者 》

杨辉不仅是中国古代数学的重要传承人，还是中国古代数学思想的真正发扬光大者。由于杨辉数学著作中的广征博引，许多已经失传很久的古代数学成果才被记载下来，流传至今。例如，北宋刘益的"正负开方术"、贾宪的"增乘开方法"等都是通过杨辉的著作流传下来的。因此，杨辉在中国数学史上的作用是别人无法替代的。

杨辉在数学史上的最重要的贡献之一就是在"贾宪三角形"的研究基础上创立了著名的"二项式定理"。

由于贾宪的《黄帝九章算法细草》早已经失传多年，因此，后人把贾宪的数学成就也记在了杨辉的头上，这就是著名的"杨辉三角形"的由来。

所谓"杨辉三角形"其实就是：

杨辉二项式定理

二项式$(a+b)^n$展开后，用各项的系数排成的一个三角形。

图中第三行：$(a+b)^2=a^2+2ab+b^2$ 系数为：1，2，1。

图中第四行：$(a+b)^3=a^2+3a^2b+3ab^2+b^3$ 系数为：1，3，3，1。

在西方，二项式定理是牛顿在1660年创立的，这个时候距离杨辉创立二项式定理已经过去将近400年了。

杨辉的另一个重要贡献就是继北宋沈括之后，对高阶等差数列进行了十分深入的研究。在杨辉的《详解九章算法》中就记载了若干个二阶等差级数的求和公式。此外，杨辉还首次将"幻方"作为数学问题进行了研究，他不仅给出了三阶至十阶幻方的实例，而且解开了著名的"纵

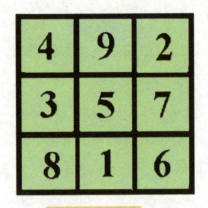

幻方之九宫图

横图"——也就是后世流传的"九宫幻方图"的真正奥秘。

传说，杨辉对幻方——九宫图的研究还有一个有趣的小故事呢！

当时杨辉在浙江台州任职，有一次外出巡游，走着走着，轿子突然停了下来。杨辉让手下人到前面去打探，那人回来说：路上有一个小童正在地上做数学题，把路给挡住了。

杨辉很好奇，走到前面一看，真的有个小童在做数学题。这道题的要求是：把从1到9的数字排成三行三列；无论竖着加、横着加、斜着加，结果都必须等于15。于是，这位酷爱数学的官员也不巡游了，蹲在地上和这个小童一起做起了数学题，两个人直算到午后才将数字排列出来。

算完了题，杨辉随着小童来到小童的先生家中，一起探讨这个问题。这位老先生告诉杨辉：北周甄鸾注释的《数术记遗》中有九宫格的排列口诀："九宫者，二四为肩，六八为足，左三右七，戴九履一，五居中央。"杨辉一听，正是自己和小童得到的结果。但是，继续讨论下去，杨辉才知道这位老先生只会背书本，根本不知道甄鸾九宫图的由来。

回到家中，杨辉经过仔细研究，终于发现了九宫图的一般规律，并得出了

16	3	6	9
5	10	15	4
11	8	1	14
2	13	12	7

幻方之花十六图

中华文明故事

非常重要的结论："九子斜排，上下对易，左右相更，四维挺出。"

依据类似的规律，杨辉又得到了"花十六图"：把从1到16的16个数字排列在四行四列的方格中，使每一横行、纵行和斜行四个数之和加起来都等于34。

杨辉对前人著作中和民间流传的这类问题统统加以整理，得到了"五五图""六六图""衍数图""易数图""九九图""百子图"等许多类似的数字图形。

杨辉把这些图统称"纵横图"。经过反复研究，他最终掌握了这类"纵横图"——高阶幻方的构成规律，并且在1275年把它们写进了自己的《续古摘奇算法》中。

纵横图在现代数学中地位显赫，被数学家们称为"幻方"，在图论、组合分析、对策论、计算机科学等领域中都具有非常重要的学术价值。

在"宋元四杰"中，贡献最大的是朱世杰。

朱世杰占据顶峰

朱世杰（1249—1314年），字汉卿，号松庭，燕山(今北京西部郊区)人。在"宋元四杰"中，只有朱世杰是纯粹的元朝人，他的数学研究水平也最高。朱世杰不仅全面地继承了秦九韶、李冶、杨辉的数学成就，而且作出了创造性的贡献。

他撰写的《算学启蒙》和《四元玉鉴》，把我国的古代数学研究推向了更高的境界，达到了

美国著名科学史家 G·萨顿对朱世杰给予了极高的评价，并称赞他是"中华民族的一位杰出的、贯穿古今的数学家"。

宋元时期中国数学的最高峰。

朱世杰

《 数学普及的大师 》

朱世杰的《算学启蒙》是古代数学史上少有的普及型数学著作。这部书全面总结了前人的数学成果，既继承了北方数学家的天元术，又吸收了南方数学家的正负开方法、日用算法以及通俗歌诀，并且在这个基础上进行了创造性研发。

这部《算学启蒙》体系非常完整。全书由浅入深，从一位数乘法开始，一直讲到当时的数学最新成果——天元术。

书中明确提出了正负数乘法的法则，给出了倒数的概念和基本性质，概括出了许多新的乘法公式和根式运算法则，总结了乘除算法的简便口诀，并且把设立辅助未知数的方法运用到了解线性方程组的运算之中。

朱世杰的《算学启蒙》为后世数学科学的发展和普及作出了重要贡献。可以说，朱世杰是中华古文明史上最杰出的数学普及大师。

《 领先世界的成果 》

在朱世杰的一生中，有三项重大数学成果远远地走在当时世界的前列，这三项成果就是：四元术、四次招差术和高阶等差级数的求和公式。这三项重大贡献都记载在他的另外一部著名数学著作《四元玉鉴》中。

所谓"四元术"其实就是多元高次方程组的建立和求解方法。朱世杰的四元术既总结、提高了秦九韶的高次方程数值解法，也发展了李冶的天元术。

在朱世杰的四元术中，增加了多个未知数：除了设天元"x"外，还需要设地元"y"、人元"z"，以及物元"u"。

然后，再进行二元、三元甚至四元的高次方程组联立求解。在欧洲，解联立一次方程组开始于16世纪，而解多元高次联立方程组已经是18世纪以后的事情了，比朱世杰晚了400多年。

在朱世杰的《四元玉鉴》中，还记载了另外两项重要成果：高阶等差级数的求和公式、等间距四次内插法的公式——四次招差术。后一项发明在世界数学史上占有非常重要的学术地位。欧洲伟大的数学家、科学家牛顿直到17世纪才取得同样的成就，而此时比朱世杰撰写《四元玉鉴》已经晚了三个多世纪。

朱世杰和他的《四元玉鉴》在世界数学界享有盛誉，美国、法国、日本等许多国家，都有人向本国介绍这部中国古代的数学著作。

美国著名科学史家G·萨顿评价朱世杰的《四元玉鉴》是"中国数学著作中最重要的，同时也是中世纪最杰出的数学著作之一，是世界数学宝库中不可多得的瑰宝"。

【 生前身后美名扬 】

在宋元时期的数学精英中，朱世杰的工作具有特殊重要意义。如果把这个时期杰出的数学家们比作群山，那么，朱世杰就是群山之中那座最高大、最雄伟的高峰。站在朱世杰数学思想的高度俯瞰中国的传统数学，确实让人有一种"会当凌绝顶，一览众山小"之感。

由于朱世杰和其他数学家的共同努力，才使得宋元时期的数学水平达到了光辉的顶点，也使得宋元时期的数学成果居于世界的最前列。

遗憾的是，元朝中叶以后，由于理学异化为官学，束缚了人们对美好事物的追求，再加上"八股取士"的精神枷锁扼杀了人们的创造性思维，从那时开始直到明清时期，华夏大地上一流的科学家和数学家已经变得寥若晨星了。曾经飞速发展的中国古代科学技术也放慢了脚步，陷入了停滞的低谷。

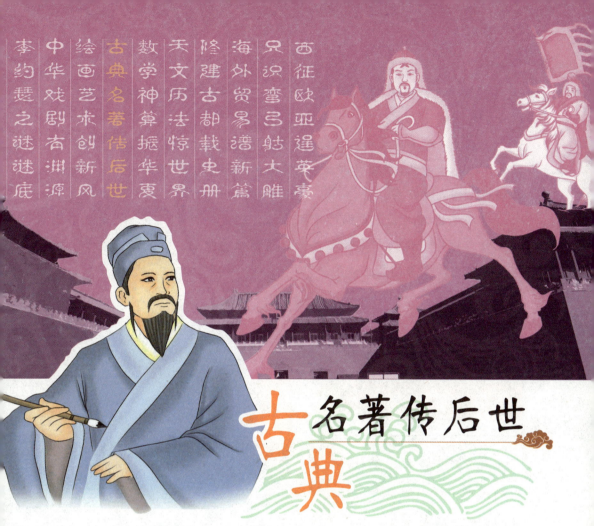

古典名著传后世

  尽管元朝只存在了不足百年，但是在文学艺术上取得的成就却相当辉煌：中国古典文学"四大名著"中的《三国演义》和《水浒传》都是元末明初问世的，而《西游记》虽然成书于明代，但是仍然与"宋元平话"有着千丝万缕的联系！

  宋元以前，诗词歌赋都属于"纯文学"，与普通老百姓几乎没什么关系。晚期的"宋词"虽然进入了普通百姓的生活，但是远不像"元曲"那样具有今天"通俗歌曲"的味道。

  传说，北宋著名婉约派词人柳永科举中士后，他填的词《鹤冲天》中有一句"忍把浮名，换了浅酌低唱"，让宋仁宗看到了，笑骂道："浅酌低唱，何要'浮名'？且填词去。"

  于是，考官就把柳永的名字从进士的名单中抹去了。从那以后，柳永干脆自称"奉旨填词"，再也无意仕途，潇潇洒洒地为"秦楼楚馆"中的歌女们填词去了。

此后，才有了俞文豹在《吹剑续录》中开苏东坡玩笑的话："柳郎中词，只好十七八女孩儿，执红牙拍板，唱杨柳岸、晓风残月。学士词，须关西大汉，执铁板，唱大江东去。"

虽然元曲远比宋词更贴近市民生活，但是，相比之下，还是说书艺人在瓦舍勾栏中讲说的"平话"更受普通百姓的欢迎。因此，宋元平话才是中国古典文学名著的真正渊源。

雅俗共赏的平话

宋元时期，在瓦舍勾栏中出现的宋元平话以通俗朴实、爱憎分明的特色，得到了广大市民阶层的喜爱，并且为元明时期古典小说的出现奠定了重要基础。

宋元时期，商业贸易发达，城市经济十分繁荣。北宋时，东京汴梁人口最多时达到26万户，全城人口最少也在150万以上，其繁荣程度可想而知。繁华的都市为文学的世俗化提供了机遇，宋元平话就是在这样的历史环境下诞生的。

《 勾栏瓦舍的出现 》

宋元时期，由于手工业和商业非常发达，城市变得十分繁荣，形成了一个新的社会阶层——市民阶层。这些人从事商业、服务业和手工业，他们不仅人数众多，而且有一定的技能和经济实力。由于他们需要丰富、有趣的艺术形式满足自己的日常生活，热闹的瓦舍勾栏就应运而生了。

宋元时期的瓦舍也称为"瓦子"，是专门的娱乐场所，很像清朝和民国时期北京天桥的"场子"。

瓦舍大小不等，在每个瓦舍中通常设有多个"勾栏"。所谓"勾栏"，就是用栏杆围起来的演出场所。

宋元时期，在瓦舍勾栏中有演出各种杂剧的，有演傀儡戏的，有说唱诸般宫调的，还有专门讲述故事——说"平话"的。

宋元时期的"平话"和今天的"说书"很相似。宋元平话艺人"说话"的内容有历史故事、公案故事、爱情故事和神怪故事。由于艺人们必须把这些故事说得绘声绘色，才能吸引听众，因此，他们不仅要有十分丰富的历史知识，还必须有相当高的文学水平。

据史书记载，当时的"平话"艺人大都具有深厚的文学功底，几乎"论才词有欧、苏、黄、陈佳句，说古诗有李、杜、韩、柳篇章"。正是这些出色的平话艺人为元明时期文学名著的出现奠定了重要基础。

元朝建立以后，延续了两宋时期重视商业和对外开放的政策，海外贸易和城市商业非常发达。不仅原来的沿海城市仍旧十分繁荣，连地处北方的元大都都成了重要的商业和文化中心。平话艺术也从南方流传到了北方。

《 小说戏曲的底本 》

在宋元平话中，有讲述前朝历史的，如《三国演义》和《隋唐演义》；也有述说本朝故事的，如《杨家将》和《水泊梁山》；还有鬼怪和神话传说，如《西游记平话》和《武王伐纣》；等等。但是，更多的还是与市井小民相关的公案和爱情故事。

在"正史"中，我们很难看到烽火战乱中市井小民的形象。但是，在保存下来的宋元话本中，却可以清晰地看到在烽火战乱的年代里普通百姓遭受的离乱之苦。

虽然宋元平话的话本直接保存下来的很少，但是，在明代刻印的通俗小说中，却可以清晰地看到宋元平话的影子。例如，冯梦龙"三言"（《醒世恒言》《喻世名言》《警世通言》）中的《众名姬春风吊柳七》《白娘子永镇雷峰塔》《崔招待生死冤家》等故事就直接来自宋元平话。

事实上，瓦舍勾栏中成长起来的宋元平话，对明清两朝的古典小说、戏曲和杂剧影响都很深刻。在"三言二拍"中至少有几十个故事来自宋元平话，而流传至今的传统戏曲剧目同样与宋元平话有千丝万缕的联系。

古典名著的源泉

古典名著《三国演义》能够对后世产生深刻的影响，作者罗贯中功不可没。但是，这部古典名著确实是以宋元时期瓦舍勾栏中艺人们说唱的《三国志平话》为底本进行的再创作。

元明时期出现的《三国演义》《水浒传》和《西游记》这三部伟大的古典文学名著都是以宋元时期瓦舍勾栏中平话艺人的"底本"进行的二次创作。

《罗贯中与《三国演义》》

两宋时期，三国故事已经是瓦舍勾栏中平话艺人说书的重要内容了。

在北宋文学家苏东坡写的《志林》中有这样一段话："王彭尝云：'塗巷中小儿薄劣，其家所厌苦，辄与钱，令聚坐听说古话。至说三国

事，闻刘玄德败，频蹙眉，有出涕者；闻曹操败，即喜唱快。'以是君子小人之泽，百世不斩。"

后世以为《三国演义》中"尊刘攘曹"——奉蜀汉为正统的观念起源于南宋理学大师朱熹，看来是成问题的；从苏东坡的记载里看，至少在北宋时期，民间百姓对曹、刘的爱憎已经相当分明了。

据考证，宋元时期在瓦舍勾栏中流行的有关三国故事的杂剧已经有几十种。例如，《赤壁鏖兵》《三英战吕布》《七星坛诸葛祭风》等在当时都已经是相当流行的剧目了。

罗贯中

现在保存下来的最早的三国故事话本就是元朝至治年间刊印的《全相三国志平话》。全书约8万字左右，基本上保留了宋元时期瓦舍勾栏中平话艺人"说三分"底本的原貌。

今天我们看到的《三国演义》就是从《全相三国志平话》这类平话艺人的底本发展而成的。

保存下来的最早刊印的《三国演义》是明朝弘治甲寅年刊印的《三国志通俗演义》。书中虽题有"晋平阳侯陈寿史传，后学罗贯中编次"的字样，强调《三国演义》来自陈寿的《三国志》，然而，事实并非如此。

罗贯中的《三国演义》无论从编辑方法上，还是从价值取向上都与陈寿的《三国志》有很大区别：

第一，陈寿虽然是蜀汉的遗老，在书中却奉魏晋为正统，称颂曹魏，贬低蜀汉；第二，陈寿因为与诸葛亮有私怨，所以他在《三国志》中对诸葛亮并不十分称颂，而罗贯中的《三国演义》不仅奉蜀汉为正统，而且把诸葛亮塑造成了深受万民景仰、智慧和忠贞的化身。

因此，罗贯中的《三国演义》虽然参考了陈寿的《三国志》，但是，书中的主要内容和价值取向都更接近瓦舍勾栏中的宋元话本。

《三国演义》作者罗贯中的生平今天已经无可稽考，只是在明朝初年贾仲明撰写的《录鬼簿续编》中有这样的记载："罗贯中，太原人，号湖海散人，与人寡合。乐府隐语，极为清新……"作者贾仲明是元朝的遗民，他自称与罗贯中是"忘年交"，在至正二十四年（1364年）会见过罗贯中。

按照明朝人王圻《稗史汇编》的记载，罗贯中是一位江湖人士，曾参加过张士诚的农民起义军。因此，可以断定他生活的年代，正是民族压迫深重、农民起义风起云涌的元朝末年，而他撰写的《三国演义》也完成于元末明初。

罗贯中的《三国演义》记述了蜀、魏、吴三国的兴亡史，起于桃园结义，终于三国归晋。作者写出了东汉末年政治腐败、民不聊生的社会现实；也写出了下层民众"襄黄巾起义者四五十万"的壮阔场景；写出了军阀和割据势力在镇压黄巾起义后互相火并，把人民推入了深重的灾难之中；也写出了中原大地"出门无所见，白骨蔽平原"的残酷现实。

其实，这不正是元朝末年作者亲身经历过的苦难生涯吗？

罗贯中在《三国演义》中还塑造了一系列正面的英雄形象，例如诸葛亮、关羽、赵云等。通过他们的活动，表达了人民希望过上安定生活的美好心愿。而这也正是宋元时期下层民众鲜明的爱憎情感。

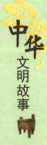

尽管《三国演义》讲述的是三国时期的历史故事，但是，因为它来自宋元时期的瓦舍勾栏，因此，这部伟大的古典名著反映出来的正是宋元时期广大劳动人民的真实情感和愿望。

【 施耐庵与《水浒传》 】

《水浒传》中的英雄人物最初也是瓦舍勾栏中的平话艺人口中塑造出来的，因此，这部书字里行间所反映出来的情感和愿望也同样来自深受压迫的下层社会。

宋江等36人占据水泊梁山起义的故事，最早载于南宋时期的平话话本《大宋宣和遗事》。这部书虽然只是平话艺人流传下来的、非常简略的讲史话本，但是，确实是有关宋江等36员起义军将领的最原始描述。

与官方的正史完全不同，在《大宋宣和遗事》中，梁山泊的首领们是正面的英雄形象，作者在字里行间对宋江等36位猛士进行了明显的称颂与褒扬。甚至把历来只属于统治阶级的"天命"也用在了梁山英雄们的身上。在宋江接受天书时是这样描述的："天书付天罡院三十六员猛将，使呼保义宋江为帅，广行忠义，殄灭奸邪……"

宋室南渡以后，这支起义军的余部还参加过抗金斗争。很可能最早讲述梁山好汉故事的，就是起义的参加者。由于群众的爱憎情感，他们那些可歌可泣的斗争事迹很快就被人们进行了生动的描绘和渲染，一传十、十传百地在群众中广泛流传开来。

由于瓦舍勾栏中艺人的艺术加工和传唱，宋江等人的故事在南宋中叶已经到了家喻户晓的程度。有一位叫龚开的画家兼文学家，在《宋江三十六人赞并序》中这样记载："宋江事见于街谈巷语……余年少时壮其人，欲存之画赞。" 可见，宋江等36名梁山好汉的故事，在南宋中叶已经传遍了大街小巷，不仅有文人对他们倍加称赞，连画家也执笔为英雄们描绘形象了。

在元朝杂剧中，取材于水浒故事的戏有20多种，从这些剧本中，可以清晰地看到梁山泊英雄已经从《大宋宣和遗事》中的36人发展到108人。另外，对水浒英雄的描写也出现了很大变化，塑造了李逵、燕青、鲁智深、武松等具有强烈性格特征的典型人物。

我们今天看到的古典长篇名著《水浒传》就是在瓦舍勾栏中传唱的话本《大宋宣和遗事》的基础上，经过施耐庵的加工、整理和润色最终成书的。

施耐庵（1296—1370年），姑苏人（今苏州），原名耳，字耐庵。施耐庵出生于元朝中叶，死于元朝末年。他的身世和经历今天已经无从查考。现在，只知道他三十五岁时中过进士，在钱塘作过两年官，后来弃官居住在苏州阊门。据记载，他还是罗贯中的老师呢！

在旧中国数千年的中央集权统治下，深受压迫的劳动人民举行过无数次大大小小的起义。但是他们可歌可泣的英雄事迹历来都被官方视为"大逆不道"，他们的形象也被文人们在"正史"中描述为扰乱社会秩序的"洪水猛兽"。

但是，宋元时期市井小民和瓦舍勾栏中的平话艺人却用口头方式塑造、歌颂了

施耐庵

反抗剥削压迫的起义英雄，表达了自己内心深处对英雄人物的无限喜爱和对专制统治的不满。

宋江等36人反抗官府、劫富济贫的故事，从两宋到元，经过了上百年的酝酿流传，在作家施耐庵的笔下，终于变成了《水浒传》这部歌颂人民起义英雄的史诗。

《水浒传》以悲剧的形式结尾，就更增加了这部著作对下层民众巨大的心灵震撼，使之最终成为中国文学史上一部歌颂下层民众反抗专制暴政的悲壮、凄美的史诗式的伟大作品。

《水浒传》对后世的影响是相当大的。它不仅深刻地揭露了历代统治阶级压迫人民的严酷残暴事实，而且发出了"逼上梁山"的怒吼。

《水浒传》深深地鼓舞了下层民众对统治阶级的反抗意志，同时也极大地激怒了历代的专制统治者，因此，明清两代的统治者和御用文人都对《水浒传》进行过篡改甚至焚毁。

早在明崇祯十五年（1642年），当时的大明皇帝就亲自下诏严禁《水浒传》的传播；清朝的康熙、雍正、乾隆三朝，更是连续采取措施对《水浒传》严加焚毁。

"青山遮不住，毕竟东流去。"《水浒传》中的英雄形象永远留在了老百姓的心中。

《 吴承恩与《西游记》 》

吴承恩的《西游记》虽然成书于明朝，但是，这部古典文学名著同《三国演义》和《水浒传》一样，也是从宋元平话中脱胎出来的。

宋元时期，唐僧取经的故事已经在瓦舍勾栏中广泛流传了，当年平话艺人们使用的话本叫《大唐三藏取经诗话》。

吴承恩的《西游记》从思想感情、价值取向和人物形象上，都深受吴承恩以宋元话本《大唐三藏取经诗话》为基础,完成了《西游记》这部古典名著。塑造了神通广大的孙悟空——这个专制社会中奋起反抗皇权和神权统治的英雄人物。

《大唐三藏取经诗话》的影响。

在玄奘亲自撰写的那部《大唐西域记》中,只有唐僧自己的故事。而在《大唐三藏取经诗话》中,唐僧已经不是孤身一人去西天取经了,出现了早期孙悟空的形象——猴行者和唐僧的另一个徒弟深沙神。

在话本中,这位神通广大的猴行者外表上是个风流潇洒的"白衣秀士",并且声称自己是"花果山紫云洞八万四千铜头铁额猕猴王"。这个保护唐三藏西天取经的猕猴王不仅神通广大,能降妖捉怪,而且知识非常渊博。

从人物形象上,这本《大唐三藏取经诗话》似乎受到了唐朝传奇小说《补江总白猿传》的影响。话本中的猕猴王在形象上与《唐宋传

吴承恩

奇·白猿传》中专门攫取美貌妇女的那个风流潇洒、武艺高强的"大白猿"十分相似，也是一位潇洒飘逸的"白衣秀士"。

《大唐三藏取经诗话》的故事情节主要是唐三藏师徒在去西天的路上，猕猴王施展神通降妖捉怪的故事和他们师徒在西行路上的种种奇遇。

在《大唐三藏取经诗话》中，唐僧的大徒弟——神通广大的猕猴王是在西王母的瑶池偷吃蟠桃，被王母捉下发配在花果山紫云洞，后来，才保护唐僧去西天取经的。《西游记》中"孙悟空大闹天宫"的故事情节就是在这个基础上经过吴承恩的艺术加工形成的。

在《大唐三藏取经诗话》中，唐三藏已经有两个徒弟，一个是猴行者，另一个是深沙神——也就是《西游记》中的沙和尚，并没有猪八戒。因此，猪八戒这个深受观众喜爱的艺术形象在吴承恩的名著《西游记》中也同样是最后出现的！

总的来说，宋元平话《大唐三藏取经诗话》虽然远没有吴承恩《西游记》那么高的文学水平和艺术水平。但是，已经基本上具备了《西游记》的大致结构和故事情节。

《西游记》同宋元时期瓦舍勾栏中广泛流行的杂剧也有重要关联。据文献记载，早在宋金时期就已经有了演绎唐三藏取经的杂剧剧目。到了元朝，已经出现了颇具规模的《唐三藏西天取经》杂剧，共六本二十四折，应该说已经是相当成熟的杂剧了。

在元朝杂剧中，孙行者已经不再是类似白猿的"白衣秀士"形象，深沙神也变成了沙和尚，并且出现了猪八戒这个憨厚可爱的角色。连唐僧师徒路过女儿国的故事也成了重要的组成部分。

明代文学大师吴承恩就是在《大唐三藏取经诗话》的基础上，结合元朝杂剧，创作出了优秀的古典文学名著《西游记》。

吴承恩（约1500—1582年），字汝忠，号射阳山人，是淮安府山阳县（今江苏淮安）人。吴承恩在少年时代就以文才名冠乡里。《淮安府志》中说他："性敏多慧，博及群书，为诗文下笔立成，清雅流丽，有秦少游之风。"

吴承恩塑造了孙悟空——这个机智、勇敢的艺术形象。他在书中大胆、巧妙地否定了皇帝的权威，天上的玉帝其实就是人间帝王的影子，吴承恩让孙悟空大闹天宫，斗争目标指向的正是专制皇权。

吴承恩还通过孙悟空这个艺术形象，歌颂了下层民众反抗皇权的英雄气概。在《西游记》第七回《八卦炉中逃大圣，五行山下定心猿》中，孙悟空对如来佛说的话最幽默也最有气势："常言道：'皇帝轮流做，明年到我家。'只教他搬出去，将天宫让与我，便罢了；若还不让，定要搅攘，永不清平！"

吴承恩笔下的孙悟空不承认皇权，也不承认神权，他让孙悟空以自己神奇的力量大闹幽冥界，扯碎了"生死簿"，打乱了神权王国的统治秩序。在吴承恩笔下，压在广大下层百姓身上的皇权和神权都受到了沉重的打击。

《西游记》这部源于宋元时期瓦舍勾栏中的古典名著，对"君权神授"的天命观提出了强有力的挑战，对封建专制统治进行了强有力的鞭挞，同时也对宋元理学宣扬的等级观念提出了最强烈的抗议。

虽然宋元以后，在变了味的程朱理学腐朽思想的统治之下，中华古文明很快就从高峰跌落到了低谷。但是，由于哲学思想对整个社会进程的影响具有一定的滞后性，因此，至少在元朝中叶，科学技术、文学艺术和书法绘画等许多方面仍然取得了举世瞩目的伟大成就。

绘画艺术创新风

　　元朝统治华夏大地虽然不足百年，但是，这个时期的绘画艺术在中国绘画史上却占据着非常重要的历史地位。在元朝众多的画家中，对后世影响最深远的就是著名的"元四家"——黄公望、吴镇、倪瓒、王蒙。

　　宋末元初最有名气的书画家是赵孟頫，他是南宋的皇室成员，书法和绘画冠绝当时。赵孟頫在绘画上是一位尚古画派。他的山水画早期倾向于盛唐，以青绿山水为主；后期崇尚董源和巨然，以水墨山水为最爱。

　　黄公望、王蒙、吴镇、倪瓒四人的画风虽然各具特色，但是，都深受赵孟頫的影响，都崇尚唐宋时期的大画家董源和巨然，他们的绘画作品是元朝画坛的主流，对于中国传统绘画的发展有着举足轻重的影响。

黄公望的山水画"峰峦浑厚，草木华滋"，无论是水墨山水，还是浅绛山水，都深受赵孟頫的影响，他的山水画融合了唐宋两代名家所长。

在著名的"元四家"中，为首的是黄公望。

黄公望（1269—1354年），字子久，江苏常熟人。在常熟虞山现在仍然保存着黄家后人修建的黄公望墓地，在虞山西麓的小石洞风景区还建有黄公望纪念馆呢！

《 醉心绘画得真传 》

黄公望是一个典型的文人。据说，他从小就跟着舅舅赵孟頫学习绘画，并深得赵孟頫的真传。黄公望年轻时当过一任小官，后来因为别人的事儿牵连入狱。出狱后就抛弃了仕途之路，成了一名道士。黄公望在50岁后隐居富春江畔，醉心于山水画的创作。

晚年的黄公望，因为远离官场，过着"卧青山，望白云"的潇洒生活，所以能深入到大自然中感悟绘画艺术的真谛。最终，形成了自己"气清质实，骨苍神腴"的独特艺术风格。他也因此被推为"元四家"之冠。

黄公望的传世作品不多，目前只有《富春山居图》《富春大岭图》《溪山雨意图》《快雪时晴图》《九峰雪霁图》《天池石壁图》等十几幅作品被认为是黄公望亲笔所画。

黄公望的代表性作品是著名的《富春山居图》。

黄公望晚年隐居在美丽的富春江畔。元至正七年（1347年），年近八旬的黄公望开始绘制这幅《富春山居图》，这幅画作完成不久，这位

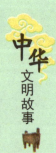

画坛奇才就去世了。

《富春山居图》高33厘米，横长636.9厘米，前后花了七年时间才得以完成。这幅画将富春江两岸数百里的美丽风景都收入了画中：画面上，江水波平如镜、开阔辽远，山峦起伏雄秀、潇洒清幽，在元朝山水画中名列第一。关于这幅画，还有一个有趣的传奇故事呢！

《 名画惨遭火焚 》

《富春山居图》最早的一位收藏者是黄公望的道友无用禅师。这幅画就是给无用禅师画的。因为无用禅师担心这幅画将来被人"巧取豪夺"，所以，画还没完成之前就请黄公望先题写了"无用本号"的字样，明确了这幅画属于自己。

明朝的大画家沈周、董其昌都收藏过这幅名画，后来《富春山居图》落入了大收藏家吴之矩之手。

吴之矩是明朝著名收藏家，他临死前把《富春山居图》传给了儿子吴问卿。吴问卿对这幅画酷爱无比，特地修建了一座"富春轩"专门收藏这幅《富春山居图》。吴问卿太喜欢这幅画儿了，朝夕不离，连吃饭、睡觉都陪伴着这幅画。据记载，他几十年间"置之枕藉，以卧以起。陈之座右，以食以饮"。

但是，吴问卿喜欢这幅《富春山居图》太过了，在生命垂危之际，竟然昏了头，让儿子焚烧这幅画儿为自己殉葬。幸亏他侄儿赶到，抢救下了这幅已经着了火的名画。

《 分成两段流传 》

吴问卿侄儿从火中抢出的这幅《富春山居图》已经被烧成了两段。在此后的三百年间，烧成两段的《富春山居图》开始分别流传。

据吴其贞《书画记》记载，前段过火的那部分，长四尺多，去掉完全烧焦的残片，图画清晰的部分只剩下一尺六寸。吴其贞得到以后，取名《剩山图》，并盖上自己的印章收藏起来。

1938年，《剩山图》被大画家吴湖帆购得。经吴湖帆先生考证，这幅《剩山图》正是《富春山居图》的前段真迹。

后段连题跋长达三丈多，是《富春山居图》的主体，因为有无用禅师的题名，得名《无用师卷》。几经转手，被嗜爱书画的乾隆皇帝收进了清宫内务府。

《《富春山居图》疑案 》

原来，乾隆皇帝先收了一幅赝品《子明卷》，认定是真迹，还题写了："偶得子久《山居图》，笔墨苍古，确系真迹。"1764年夏天，当内务府把署名黄公望的《富春山居图》（无用师卷）献上时，乾隆帝却看走了眼。

号称"擅长书画、精于赏鉴"的乾隆皇帝虽然承认《无用师卷》"有古香清韵"，而且花了两千两纹银买了进来。但是，却先入为主，认定《子明卷》是真迹，《无用师卷》是赝品。

《 明辨真伪吴湖帆 》

时光流逝。1939年，乾隆皇帝两百年前的"圣论"受到画家吴湖帆的质疑。

吴湖帆先生经过精心考证，认定《剩山图》是《富春山居图》的卷首。并于1939年在《剩山图》卷首用篆书题写了黄公望好友张雨的题词"山川浑厚，草木华滋"。还用小字题上了"画苑墨皇大痴第一神品富春山图，吴湖帆秘藏"。

1973年，著名书画鉴赏家徐邦达先生在《故宫博物院院刊》第5期上发表了《黄公望〈富春山居图〉真伪考辨》一文，认定《无用师卷》是黄公望亲手所画的《富春山居图》真迹，而《子明卷》是赝品。徐先生提出了三点论据：

第一，《无用师卷》的构图符合黄公望的三远（平远、深远、高远）构图方法。

第二，《无用师卷》传承有序，画卷上的题跋都出自名家之手。

第三，《无用师卷》与《剩山图》卷完全吻合，并有吴之矩亲手加盖的骑缝印。

2011年6月1日，黄公望的代表作《富春山居图》的两半——《剩山图》与《无用师卷》在台北故宫博物院正式合璧展出。

吴镇诗书画三绝

在"元四家"中屈居第二的是吴镇。吴镇（1280—1354年），字仲圭，号梅花道人，浙江嘉兴人。元朝画家，擅画山水、墨竹、梅花。存世作品有《渔父图》《双松平远图》《洞庭渔隐图》等。

吴镇的梅花画得最好。据说吴镇最喜爱梅花，他居住的房前屋后都遍种梅花，自号梅花道人、梅花和尚和梅沙弥。

吴镇18岁开始学画，年轻时游历过杭州、吴兴等地，江南美景和太湖风光激发了他的绘画创作灵感。吴镇绘画题材很丰富，

吴镇在"元四家"中别具一格。吴镇的诗词感情真挚、挺拔清奇，有晋陶元明的诗风。吴镇的行书有王羲之的气韵，草书有怀素的风格。吴镇的画作更是冠绝当时。为此，后人称赞他是诗、书、画"三绝"。

渔父、古木、山石、墨竹、梅花等都尽入画中，并以擅长山水、墨竹著称。吴镇的山水画有巨然画风，笔法雄浑、古朴苍茫。

吴镇既不愿做官，也不愿卖画谋生，生活困难的时候，就到嘉兴、武林等地卖卜——给人算卦维持生计。 所以，吴镇的绘画存世量不多，目前发现的真迹仅有《双桧平远图》《洞庭渔隐图》《渔父图》《墨竹图》《秋江渔隐图》等数卷。

吴镇的山水画吸取了董源、巨然的绘画精华，创造了平远、深远相结合的构图方法。他的山水画儿总是一水两岸式构图，在近山和远山之间留出宽阔的水面，显得辽阔、空灵。

著名山水画大师黄宾虹认为："吴仲圭多学巨然，易紧密为疏落，取法少异，以董巨起家，成名后世。" 这个评价是相当准确的。

吴镇孤僻、耿直，厌恶官场，从来不巴结朝中权贵，这一点很像清代的郑板桥。同时他也像郑板桥一样擅长画竹子，是画竹高手。

《 渔父情结 》

吴镇还擅长画渔父。早在魏晋南北朝时期，渔父就已经成为笑傲江湖的隐者化身。可能因为与吴镇自己的内心世界十分相符，所以吴镇对渔父的形象情有独钟。吴镇笔下的渔父，神态丰富、生动传神。在《洞庭渔隐图》中，吴镇画的渔父动作矫健，正在撑篙回船；在《芦花寒雁图》中，画的是双雁起飞，渔父仰首观望；在《渔父图》中，渔父正凝视水面，等着鱼儿上钩。

在吴镇的山水画中，有许多作品的题画诗，都是为渔父题写的，大多数都是描述渔父自在逍遥、乐观洒脱的生活情趣。

《洞庭渔隐图》

《洞庭渔隐图》是吴镇的传世名作，纸本，纵146.4厘米，横58.6厘米。现藏于台北故宫博物院。

这幅《洞庭渔隐图》是吴镇62岁时的作品，画的是嘉兴的湖光山景，画中山峦葱郁，树木挺拔，一叶小小的渔舟在水面上荡漾。

这幅画是典型的"一水两岸"式构图方法，近景双松挺立，古木横斜，隔岸的远景是迤逦的山坡和水中那一叶小小的渔舟。

这幅画生动、鲜活地再现了江南水乡的美丽景色。

画卷边角上有作者的亲笔题字"梅花道人戏墨"，并有一方"嘉兴吴镇仲圭书画记"印鉴。画卷的上方是他为渔父题写的诗词："洞庭湖上晚风生，风揽湖心一叶横。兰棹稳，草花新，只钓鲈鱼不钓名。"

《秋江渔隐图》

《秋江渔隐图》也是吴镇的名作，绢本，水墨，纵189.1厘米，横88.5厘米，现收藏在台北故宫博物院。

这幅画卷的图案是高山平湖。远景：高山耸立，山峦起伏，一道清泉飞挂山间，注入平湖之中。两山之间碧波平远，一叶小舟在湖上悠悠荡漾。山脚下林木繁茂，芦苇葱茏。近景：山石之上苍松挺拔峭立，松下有楼阁散落其间，让人感到别有一番情趣。

整幅画卷开阔疏朗、意境深远，能让观赏者在高远、平远的构图中深刻地领悟大自然的造化之功，进而和画家一起感悟小舟之中渔父悠闲适意的情怀。

画上也有作者的题诗："江上秋光薄，枫叶霜叶稀，斜阳随树转，去雁背人飞，云影连江浒，渔家并翠微，沙涯如有约，相伴钓船归。"

从诗中可以看出《秋江渔隐图》是画家抒发隐逸之情的精心之作。

在"元四家"中，同吴镇一样沉醉于书画之中，在画坛上声名远扬，却不阿权贵，不涉足官场的还有倪瓒。

水墨山水属倪瓒

倪瓒（1301—1374年），字元镇，又字玄瑛，江苏无锡人。他用的别号很多，有荆蛮民、净名居士、海岳居士等。在他的画上有时署名"东海倪瓒"，也有时只题"云林"两个字。

倪瓒早年丧父，长兄倪昭奎是全真教的上层人物。在元朝，道教的上层人物有许多特权。倪瓒从小得长兄抚养，生活舒适，并受到良好教育。

优越的生活环境造就了倪瓒清高孤傲、洁身自好的处世态度，也造就了他终生不入仕途，沉醉于诗文书画之中的独特人生。

倪家"清泌阁"中藏有许多书法真迹和名画，董源的《潇湘图》、荆浩的《秋山图》、米芾的《海岳庵图》等，都是倪瓒潜心临摹的画中珍品。有机会博采众家之长，为倪瓒称雄画坛打下了坚实的基础。

倪瓒交游很广，他的朋友们大多是学问高深，不涉官场的僧、道士和诗人、画家，其许多作品都和这些朋友有关。倪瓒的至交张伯雨就是当时一位很有学问的道士，倪瓒曾为他精心绘制了一幅《梧竹秀石图》。

《梧竹秀石图》

《梧竹秀石图》，纸本，水墨，纵96厘米，横39.5厘米。现藏于北京故宫博物院。

倪瓒的这幅《梧竹秀石图》画的是一尊秀丽、挺拔的太湖石，耸立在涓涓溪流之畔，太湖石背后是数竿疏竹和一株高大的梧桐树。后人评价这幅画作"湖石瘦立，高梧疏竹，涓涓溪流，笔法雄阔，墨气湿润"。

这幅画中的景物都大胆地使用墨笔写成，梧桐叶用阔笔、湿墨侧抹而成；树干和湖石也是用侧笔画出来的，高梧疏竹、湖石平坡，间以涓涓细流，充分表现了苍润淋漓的意境。

这幅画深得乾隆皇帝的赞赏，曾在画上题跋："梧如遇雨竹摇风，石畔相依气味同；数百年来传墨戏，展观湿润镇漾漾。"

倪瓒不入官场，大部分时间都在漫游江南胜境。可以说，倪瓒的绘画技巧既源于董源和巨然的影响，更来自他对大自然的细心观察。

倪瓒的山水画以天真淡雅的格调取胜，开创了元朝水墨山水的特殊画风。他的作品画的大都是太湖一带的山水，构图非常有特色：近景是坡石和树木，远景是清幽的远山，而中景是大片的湖水。

倪瓒的《虞山林壑图》就充分展示了这种疏朗简约的构图特色。

《虞山林壑图》

《虞山林壑图》立轴，纸本，水墨山水，纵94.6厘米，横34.9厘米。现收藏于美国大都会艺术博物馆。

这幅画是最典型的"一水两岸"式构图。近景是临水岸边的数道州渚和一组疏朗的树木；远景是河对岸秀美的山峰和更远处的苍茫群山，以及群山之上辽阔的天空；中景是两岸之间宽阔、宁静的水面。

《虞山林壑图》画面简洁，近景的州渚、中景的水面，宁静开阔；远景中的山石、树木疏朗明快，整幅画卷给人一种恬静而致远的意境。

倪瓒也像吴镇一样，性情清高孤傲，终生不愿结交权贵。他晚年所画的一幅《六君子图》，图中那"正直特立无偏颇"的"六君子"，正是倪瓒自己人生的真实写照。

《六君子图》

《六君子图》立轴，纸本，水墨，纵61.9厘米，横33.3厘米。现收藏在上海博物馆。

这幅《六君子图》画的是美丽的江南秋色。近景是湖边岸上的六棵树，分别是松、柏、樟、楠、槐、榆，排列得疏朗有致、姿态挺拔。远景是气象萧索的悠悠远山和遥远的天际。在远景和近景之间是宽阔的水面，在极远处几乎是水天相接，难以分辨。整幅画卷上虽然景物不多，却深远辽阔，给人以强烈的苍凉之感。

明初，朱元璋慕倪瓒之名，曾经召他进京做官，他坚决不去，并以"只傍清水不染尘"的诗句表示了自己终生不涉足官场的决心。生有如此的傲骨，真称得起是中国文人的脊梁。明洪武七年（1374年），倪瓒因病去世，终年74岁。

在著名的"元四家"中，倪瓒的画，笔墨淡泊清劲，意境清幽高雅，同他本人一样纤尘不染。并因此深受明清两朝画家的青睐。后世的画家们作画时经常以"仿云林笔意"落款，可见他的画魅力之大。

明朝的江南文人都以是否收藏了倪瓒的画区分雅俗，可见，他的画风对明清两朝的画坛影响相当深远。英国出版的《大不列颠百科全书》都将倪瓒列入了世界文化名人。

在"元四家"中，对后世影响比倪瓒更加深远的是王蒙。

五百年来无此君

王蒙（1308—1385年），字叔明，湖州（今浙江吴兴）人。他从小喜爱书画，尤其擅长山水。在"元四家"中，王蒙对明清山水画的影响仅次于黄公望，在倪瓒之上。

在"元四家"中，黄公望是赵孟頫的外甥，王蒙是赵孟頫的外孙。因此，王蒙的山水画也同样深受赵孟頫的影响，主要继承发扬了唐宋时董源、巨然等人的山水画技法，并博采众长，自成一家。

后人对王蒙评价很高，明朝书画大师恽南田称赞他"远宗摩诘"。摩诘就是唐代大诗人、大画家王维。董其昌对他评价更高，称颂他："王侯笔力能扛鼎，五百年来无此君。"

在"元四家"之中，王蒙是唯一死于仕途之累的。元朝末年战乱四起，王蒙弃官隐居临平（今浙江余杭临平镇）黄鹤山。明朝初年，王蒙又重新出仕，任山东泰安知州，因胡维庸案受到牵累，死于狱中。

《 水晕墨章法 》

王蒙学识渊博，能诗能文，书法绘画冠绝一时。王蒙的山水画深得外祖父赵孟頫的亲传，以董源、巨然为宗，只是写景略显稠密。

王蒙在画坛上最重要的贡献是在唐宋山水画技法之上创造了独特的"水晕墨章"的画法——用解索皴和墨苔装点山景，以表现出林峦葱郁、茂盛苍茫的气势。因此，明末书画评论家朱谋垔在《画史绘要》中称赞他："王蒙山水师巨然，甚得其墨法。"

王蒙的传世作品虽然不多，但都是精品。最著名的有收藏在台北故宫博物院的《谷口春耕图》，收藏在北京故宫博物院的《葛稚川移居图》和收藏在上海博物馆的《青卞隐居图》。

《《谷口春耕图》》

《谷口春耕图》卷，纸本，纵124.9厘米，横37.1厘米。具有明显的元朝山水画特征，现藏于台北故宫博物院。

《谷口春耕图》描绘的是群山环绕的谷口，有农家正在耕田。画面上山岭石坡由下而上，占满画幅，而谷口田畴处和远处的天空则十分空灵，整个画面的虚实变化十分自然。

由于这幅画上有王蒙的题诗："山中旧是读书处，谷口亲耕种秋田。写向图画君取貌，只疑黄鹤草堂前。"所以，有学者认为王蒙画的是他自己的住处黄鹤草堂。但是，也有学者认为王蒙这幅画是赠给好友郑维翰（画上另一题诗者）的，因为谷口是汉朝名人郑朴子真的家，而郑朴子真的号就是"谷口子真"。

这幅《谷口春耕图》具有明显的董源和巨然的画风。画中山石、树木、房屋和田畴的安排也与巨然的山水画作十分接近。

《青卞隐居图》

《青卞隐居图》，纸本，水墨，纵141厘米、横42.2厘米，创作于1366年前后，被明代画家董其昌誉为"天下第一"。现藏于上海博物馆。

《青卞隐居图》画得非常精美。作者采用干湿互用的笔墨形象、生动地再现了江南山水中孕育的勃勃生气。画图中峰峦叠嶂，草木葱茏，溪涧飞瀑直泻，山坳草堂隐现，意境十分深远。整幅画卷层次分明、风格秀雅，朦胧湿润、气势苍茫，给人以强烈的美感。

现代美术评论家们普遍认为这幅《青卞隐居图》比《谷口春耕图》更潇洒、更飘逸，也更加彰显元朝绘画作品的新风。从这两幅画的画风和绘画技法上看，王蒙的这幅《青卞隐居图》的画技已臻完美。

《青卞隐居图》的构图大胆地摆脱了自然景象的束缚，观赏者需按照作者的构思，沿着山间小径从山脚向山顶慢慢地攀登，逐步地往山顶

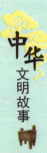

上走，才能够渐渐看清这幅画中的近景、中景和远景之间的关系，才能够清晰地领略这幅山水画"处处有景"的妙境。

也许，董其昌对这幅画作出"天下第一"的赞誉稍稍有些过分。但是，这幅精美的《青卞隐居图》确实已经达到了元朝画坛的巅峰。

中华 戏曲有渊源

　　中国的戏曲艺术起源于杂剧，这种载歌载舞、雅俗共赏的艺术形式是民族文化最重要的组成部分。最早的戏曲出现在一千多年以前，在盛唐时期开始广泛流行，到了元朝已经发展得相当完美了。

　　在山西洪洞的霍山上，有一座千年古刹——广胜寺，寺中至今仍然完整地保存着全国唯一的一幅元朝戏曲壁画。这幅壁画清晰地再现了元朝杂剧艺术表演时的生动场景。

　　广胜寺戏曲壁画完成于元泰定元年（1324 年），高 4.11 米，宽 3.11 米。画中方砖铺地的舞台上悬挂着布景，横幅上写着"大行散乐忠都秀在此作场"。台上的演员有生、旦、净、丑等不同角色，正中间就是那位女扮男装的主角——忠都秀。

　　这场戏饰演的是一个历史故事，使用了道具，勾画了脸谱，演员们穿着戏装，有的还挂着胡须，左下角还有一个人撩起幕布正在偷看台上的情景。整幅画面把元朝戏剧演出的情景清晰地展现了出来。

尽管杂剧艺术的兴盛时期是从元朝开始的，但是，两宋时期的戏曲艺术已经十分普及。流传至今的，最早、最完整的戏曲脚本就是宋金时期北方金国学者董解元创作的《西厢记诸宫调》——《董西厢》。

《西厢记诸宫调》

《西厢记诸宫调》也称为《弦索西厢》，作者署名为董解元，因此，也称为《董西厢》。这位董解元的姓名、籍贯和生平事迹都已无从查考了。虽然作者情况不明，但是，作品本身却奇迹般地保存了下来。

《西厢记诸宫调》选用了当时最流行的15个乐曲宫调，由193套曲子组成，长达5万多字。

《西厢记诸宫调》演唱的故事来自唐朝诗人元稹撰写的自传体传奇小说《莺莺传》。

《西厢记诸宫调》在人物、时间、地点上与元稹的《莺莺传》相同。但是，在故事情节和人物性格的刻画上，却与《莺莺传》大相径庭。

元稹《莺莺传》的故事发生在河东永济普救寺。故事情节是年轻的书生张生对美丽的崔莺莺"始乱终弃"——先把崔莺莺追求到手，然后

董解元的《西厢记诸宫调》把《莺莺传》中张生和崔莺莺的爱情故事，从才子佳人之间的风流韵事变成了一部反对封建礼教、歌颂青年男女纯真爱情的不朽名作。

又把她抛弃了。文章中的红娘是个不重要的小角色。

董解元的《西厢记诸宫调》对元稹的《莺莺传》进行了改编：张生从负心汉变成了一个多情书生；崔莺莺也从原作中的弱女子变成了具有叛逆性格、敢于冲破传统礼教的纯情少女；红娘，这个在原作中无足轻重的角色，变成了一个聪慧正直，极具同情心的爱情信使；老夫人则变成了破坏莺莺和张生爱情的反面人物。

《西厢记诸宫调》的剧情也发生了变化：唐贞元年间，崔相国病逝，夫人郑氏带女儿崔莺莺、儿子欢郎和丫鬟红娘扶灵柩返回原籍，路过河东普救寺与赴长安赶考的洛阳书生张生相遇，两人产生了爱慕之情。叛将孙飞虎兵围寺院，要强抢崔莺莺为妻。崔夫人许愿："谁能退去乱兵，就把崔莺莺嫁给谁。"张生挺身而出，写信给同窗好友、白马将军杜确。杜确领兵前来解救了崔家。崔夫人却言而无信，不肯把崔莺莺嫁给张生了。

张生病在寺中，小丫鬟红娘为张生出谋划策，让他以琴声感动了崔莺莺。在红娘的帮助下，崔莺莺与张生喜结连理。

《西厢记诸宫调》中张生

《西厢记》长亭送别

赴京城赶考，崔莺莺与红娘在长亭送别时唱的曲词，凄美无限，动人心魄。

《西厢记诸宫调》文辞典雅，情深意切。这部作品的影响是多方面的，不仅为元朝王实甫《西厢记》杂剧的诞生打开了一条重要的通道，同时也为近现代中国戏曲的发展奠定了重要的艺术根基。

关汉卿悲愤情怀

在元朝戏剧家中，居领袖地位的是关汉卿。关汉卿（1220—1300年），号已齐叟，元大都（今北京市）人，是我国元朝最伟大的戏剧家、中华戏曲艺术的奠基人。

关汉卿为后人留下了大约60多种杂剧。其中最著名的有《窦娥冤》《救风尘》《单刀会》《望江亭》等，其中许多剧目至今仍然是京剧、越剧及其他剧种的经典保留剧目。

关汉卿是个真正的"性情中人"。据说，他常常被自己塑造的人物形象所感动，每到这个时候，他就禁不住要亲自粉墨登场，参加演出。

关汉卿是元朝最伟大的杂剧艺术家和散曲大家。他一生为我们留下了60多种杂剧。他用一支笔，对荒淫无耻的统治阶级进行了有力的鞭挞，对深受欺凌的下层民众寄予了无限的同情。

《 疾恶如仇剧作家 》

关汉卿的杂剧，曲词质朴精练，情节曲折感人，人物形象生动鲜明，是同时期的剧作家难以相比的。更重要的是，关汉卿创作的杂剧对当时黑暗的专制制度进行了深刻的批判。

关汉卿在散曲《大石调青杏子·骋怀》中发出过这样的誓言：

关汉卿

"一管笔在手，敢搦孙吴兵斗。" 勇敢地以自己手中的笔惩恶扬善、为民请命。

元朝法律规定："妄撰词曲，犯上恶言"是要被杀头，但是，这丝毫也没有吓倒他。在黑暗势力面前，关汉卿始终保持着艺术家的高尚品格。

关汉卿塑造过各种人物——伶人妓女、侠义英雄、地主恶霸、白面书生以及官场上的贪官污吏。他的作品对荒淫无耻的统治阶级进行了强有力的鞭挞，对深受欺凌的下层民众寄予了无限的同情。

《 感天动地《窦娥冤》》

《窦娥冤》是关汉卿的代表作，也是我国古典戏剧中最伟大的悲剧。

故事的梗概是：窦娥7岁时，读书的父亲为了筹集进京赶考的盘缠和偿还高利贷，把她卖给蔡家做了童养媳。不料，丈夫早死，窦娥年纪轻轻就守了寡。善良的窦娥无怨无悔地操持家务，奉养婆婆蔡氏，却不料祸从天降。

有一天，窦娥的婆婆出外讨债，遇赛卢医图财害命，被过路的张驴儿父子救下。张氏父子想强娶窦娥婆媳。由于窦娥不肯，张驴儿便想毒死蔡婆婆来威吓窦娥，令她屈服，不料竟毒死了自己的父亲。恼羞成怒的张驴儿反咬一口，给窦娥安上了杀人的罪名。

昏庸的官吏，因收受了贿赂，对窦娥严刑拷打，并判了斩刑，导致窦娥含冤屈死。《窦娥冤》这部悲剧最成功之处在于塑造了窦娥这个善良、孝顺，同时具有鲜明反抗精神的、光辉的东方女性形象。

面对黑暗势力，窦娥始终坚持斗争、毫不妥协。流氓张驴儿以"药死公公"的罪名威胁她的时候，她毫不畏惧，理直气壮地对这个坏蛋说："我又不曾药死你老子，情愿和你见官去。"

在官府里，她虽然"捱千般打拷，万种凌逼"，但是仍然据理力争，不肯屈服。

最后，孝顺的窦娥为了年迈的婆婆免遭酷刑，才被迫含冤招认。她悲痛地对婆婆哭道："婆婆也，我若是不死呵，如何救得你！"窦娥为了救婆婆含冤招认了罪状，但面对恶贼张驴儿却毫不屈服，她悲愤地唱道："我作了个衔冤负屈没头鬼，怎肯便放了你好色荒淫漏面贼！"

当窦娥含冤负屈被押上刑场时，她对黑暗的社会制度发出了震天动地的抗议。原杂剧第三折中的一段 《滚绣球》非常精彩：

有日月朝暮悬，有鬼神掌著生死权，天也只合把清浊分辨，可怎生糊涂了盗跖颜渊：为善的受贫穷更命短，造恶的享富贵又寿延……地也，你不

《窦娥冤》剧照——刑前发誓愿

分好歹何为地！天也，你错勘贤愚枉做天！哎，只落得两眼泪涟涟。

极富反抗精神的窦娥临刑前发下三桩誓愿：第一，要自己的满腔热血不染尘埃，飞上高悬的八尺白练。第二，要六月天普降大雪，掩埋自己纯洁的尸身。第三，要楚州大旱三年。原剧在这里有三段唱词：

第一个誓愿："不是我窦娥发下这等无头愿，委实的冤怀不浅；若没些儿灵圣与世人传，也不见得湛湛晴天。我不要半星热血红尘洒，都只在八尺旗枪素练悬。等他四下里皆瞧见，这就是咱苌弘化碧，望帝啼鹃。"

第二个誓愿："你道是暑气暄，不是那下雪天；岂不闻飞霜六月因邹衍？若果有一腔怨气喷如火，定要感的六出冰花滚似锦，免着我尸骸现。要什么素车白马，断送出古陌荒阡！"

第三个誓愿："浮云为我阴，悲风为我旋，三桩儿誓愿明题徧。婆婆也，直等待飞雪六月，亢旱三年呵，那期间才把你个屈死的冤魂这窦娥显。"

窦娥含冤而死，她那不屈的魂魄与当了天官的爹爹相会诉冤，最终恶贼张驴儿得到惩处，再现了这个弱女子至死不屈的反抗精神和坚强的复仇意志。

《望江亭》

《望江亭》也是关汉卿创作的重要曲目。故事情节是少妇谭记儿丈夫去世，寄居在尼庵，多次受到当朝太师之子——杨衙内的纠缠。

正巧庵中老尼姑的侄儿白世忠丧偶，谭记儿与进京赶考的书生白世忠在庵中相遇，两人一见钟情，并在老尼姑的撮合之下结为夫妻。白世忠考中进士，被任命为谭州知府，婚后，就带着妻子前去赴任了。

杨衙内得知白世忠已经娶谭记儿为妻，心生怨恨。携带着从皇帝那儿骗取的诏书和尚方宝剑，前往谭州打算处死白世忠，霸占谭记儿。

白世忠夫妻得到密报，谭记儿不顾自己的安危，连夜巧扮渔妇在望江亭灌醉了杨衙内，盗走了诏书和尚方宝剑。

杨衙内抵达谭州后，因失去尚方宝剑，只好在大堂

《望江亭》中的谭记儿

上供述了自己为了霸占谭记儿从皇帝那儿骗取诏书的经过。最后，无耻的杨衙内受到了应有的惩罚。

剧中的谭记儿，是一位再嫁的少妇，她美丽、聪慧，而且有胆、有识，在杨衙内携带圣旨和尚方宝剑前来问罪之际，仍然坚持斗争，不向邪恶势力屈服。最终以自己的勇敢和智慧战胜了杨衙内，保护了自己心爱的丈夫，维护了自己的美满婚姻。

王实甫爱情绝唱

在元朝杂剧作家中，除关汉卿外，还有一位十分重要人物——王实甫。关于王实甫的记载，今天已经无从查考了，人们只知道他是元大都的剧作家，是杂剧《西厢记》的作者。

王实甫最重要的贡献就是对董解元的《西厢记诸宫调》进行了进一步的改编，使这部宋金时期的戏曲成了中国戏曲艺术中最优秀的传统剧目。

王实甫的《西厢记》与董解元的《西厢记诸宫调》在内容上基本相同。但是，经过了作者的精心修改，故事情节编排得更加合理，人物形象塑造得更加鲜明，成了一部最优秀的传统剧目。

元朝不仅是一个专制社会，而且把程朱理学作为官方哲学。在当时的社会环境和伦理观念下，能够改编出这样一部歌颂青年男女之间纯真爱情的优秀剧目，确实是相当难能可贵的。

剧中突出了两种思想的交锋：一方是刚刚通过程朱理学得到加强的、束缚着青年男女身心的精神枷锁；另一方是青年人试图打破这个枷锁，追求纯洁、美丽爱情的理想愿望。

作者通过这个剧本，热情地歌颂了青年男女的抗争精神，让纯洁的爱情战胜了腐朽的封建伦理，最后美丽和同情战胜了丑恶和残忍，让两个年轻人追求爱情幸福的斗争取得了最后的胜利。这是王实甫和他的《西厢记》成为一部不朽名著的根本原因。

在王实甫的《西厢记》中，崔莺莺的人物形象比《董西厢》中更加完美和丰满：寺院被乱兵围困时，她为了老母和幼弟的安全，宁愿牺牲自己。当忠厚纯朴、仗义救人的张生向她表示纯真爱情的时候，她的叛逆性格冲破了旧礼教的罗网，也爱上了这个书剑飘零的穷书生。

张生请来救兵，转危为安。老夫人却变卦赖婚，这让崔莺莺的内心感到非常痛苦。她在酒席宴上，当面摔了酒杯，并指责母亲是"口不应心的狠毒娘"。

母亲的背信弃义，更增强了崔莺莺对张生的怜爱。当她得知张生因为自己生了病的时候，这位美丽、善良的弱女子大胆地跨出了最后一步：让红娘传书约张生幽会。《西厢记》中那四句脍炙人口的小诗"待月西厢下，迎风户半开，隔墙花影动，疑是玉人来"最终成了流传千古的爱情名句。

在王实甫的笔下，美丽、善良、多情的崔莺莺，像一股清澈的泉水让人喜爱。尽管在与张生约会时，她表面上有点儿躲躲闪闪、佯装嗔怒，内心深处却是深感幸福的。最终，在小红娘善意的嘲讽和全力帮助下，莺莺冲破了旧礼教的藩篱，与张生结为连理。

王实甫塑造的张生是个"父母双亡，书剑飘零"的穷书生，忠厚老实而又富有正义感。张生对爱情的追求是炽热而专一的。自从在寺中遇见崔莺莺之后，就一见钟情，爱上了这个美丽善良的姑娘。王实甫以生动、深情的词曲，塑造了这个痴情书生的形象。

尽管王实甫笔下的张生有时候很软弱。但是，他对崔莺莺的爱情却从来没有动摇过，为了追求崔莺莺，他宁愿抛弃功名和前程，耽搁在寺中，也正是这种真心和痴情赢得崔莺莺的爱情。

在王实甫的《西厢记》中，红娘的人物形象塑造得最为成功。她善良、活泼、聪明、果敢，张生和崔莺莺之所以能够在争取幸福爱情的斗争中最终取得胜利，完全是这个小丫鬟的功劳。

红娘出于年轻人的正义感和同情心，热心为崔莺莺和张生的爱情往来奔走，即使受到老夫人的责罚，也毫无怨言。经过王实甫的改编，红娘成了家喻户晓的人物。直到今天，人们仍然把为青年男女之间的爱情"牵线搭桥"的人称为"红娘"。

在"拷红"这场戏中，表面上是高高在上的老夫人拷问跪在地下的红娘，而实际上却是红娘声讨背信弃义的老夫人。红娘在被拷问时义正词严地对老夫人说："信者人之根本……当日军围普救，夫人所许退军者，以女妻之……兵退身安，夫人悔却前言，岂得不为失信乎？" 说得老夫人无言以对，最终成全了莺莺和张生的爱情。

在王实甫的《西厢记》中，红娘是一个沐浴在绚烂霞光中的人物。

《西厢记》拷红

在她的身上，真正体现了劳动人民善良勇敢，极具同情心的优秀品质。在这部反抗旧礼教的优秀作品中，崔莺莺的形象只是一股冲击力不够强劲的小溪，而红娘这个有个性的小丫鬟已经是一股汹涌澎湃的激流了。

雅俗共赏的元曲

在文学史上，人们普遍认为，唐朝最重要的文学成就是诗，两宋最重要的文学成就是词，元朝最重要的文学成就是曲，唐诗、宋词、元曲难分高下，都是中国文坛上重要的文学艺术形式。

然而，唐诗和宋词都是纯粹的"雅文学"，元曲却不同，元曲同中国戏曲艺术有着重要的关联，是一种与老百姓的日常生活联系紧密的、雅俗共赏的文学形式。

元朝散曲作家人数众多，有史可查的达200多人。关汉卿、王实甫、马致远、睢景臣、白朴等人都是重要的散曲大家。马致远的《天净沙·秋思》，睢景臣的《般涉调·哨遍·高祖还乡》都是深受后人喜爱的代表性作品。

散曲和杂剧都与音律有着十分重要的关联，它们之间最重要的区别在于：散曲从根本上说是一种可以配乐的新体诗，而杂剧是由包括金、两宋的诸宫调在内的多种词调和散曲组成的、有完整故事情节的戏曲。

《 马致远的思乡情 》

马致远，字千里，号东离，元朝大都人，著名戏曲作家、散曲家。马致远的生卒年代虽然已无从查考，但是，却留下了《汉宫秋》《岳阳楼》《青衫泪》等多部杂剧和大量的散曲。

在马致远所作的散曲中有一首《天净沙·秋思》非常出色，是元曲中一首最著名的思乡曲："枯藤老树昏鸦，小桥流水人家，古道西风瘦马，夕阳西下，断肠人在天涯。"

这首曲子虽然字句简短，但是却给读者描绘出了一幅非常生动、形象的画面；前三句"枯藤老树昏鸦，小桥流水人家，古道西风瘦马"，作者用18个字，分三组把9种不同的事物巧妙地叠合在了一起，每样景物都只用了两个字，就写出了萧瑟、凄凉的深秋景色。

最后，"夕阳西下，断肠人在天涯"，只用了10个字就深刻地描绘出了一个远离家乡的游子在黄昏时分萧瑟西风中的思乡之情。整首曲子一共只有28个字，就借萧瑟凄凉的深秋景色烘托出了远离家乡的游子那痛苦的内心世界，堪称思乡游子的千古绝唱。

马致远也和同时代的关汉卿一样，由于对当时的黑暗统治极为不满，因此不仅无心参加科举考试，而且对统治阶级所标榜的功名利禄看得非常淡。

在《庆东源·叹世》这首曲子中，马致远甚至对蜀汉丞相诸葛亮都进行了有趣的调侃："三顾茅庐问，高才天下知。笑当时诸葛成何计？出师未回，长星坠地，蜀国空悲。不如醉还醒，醒而醉。"

《 睢景臣的诙谐曲 》

睢景臣，字景贤，扬州（今江苏省扬州市）人，也是元朝著名戏曲作家、散曲家。他的具体生卒年代已经无从查考，但是，后人却辑录下了他所撰写的《睢景臣词》，他的著名散曲《般涉调·哨遍·高祖还乡》最为世人称道。

据说，有一次散曲家们在维扬聚会，主持者要求每个人都以汉高祖还乡为题作一套曲词。作完后，人们发现，所有的作品都远远比不上睢景臣的《般涉调·哨遍·高祖还乡》。在元朝锺嗣成的《录鬼簿》中是这样记载这件事情的："维扬诸公俱作《高祖还乡》套数，唯公《哨遍》制作新奇，皆出其下。"因为这套曲子作得实在太精彩了，所以给大家抄录如下：

见一彪人马到庄门，匹头里几面旗舒：一面旗白胡阑套住个迎霜兔，一面旗红曲连打着个毕月乌，一面旗鸡学舞，一面旗狗生双翅，一面旗蛇缠葫芦。

红漆了叉，银铮了斧，甜瓜苦瓜黄金镀。明晃晃马蹬枪尖上挑，白雪雪鹅毛扇上铺。这几个乔人物，拿着些不曾见的器杖，穿着些大作怪衣服。

辕条上都是马，套顶上不见驴。黄罗伞柄天生曲。车前八个天曹判，车后若干递送夫。更几个多娇女，一般穿着，一样妆梳。

那大汉下的车，众人施礼数。那大汉觑得人如无物。众乡老展脚舒腰拜，那大汉挪身着手扶。猛可里抬头觑。觑多时认得，险气破我胸脯。

你身须姓刘，你妻须姓吕。把你两家儿根脚从头数。你本身做亭长耽几盏酒，你丈人教村学读几卷书，曾在俺庄东住。也曾与我喂牛切草，拽坝扶锄。

春采了茶桑，冬借了俺粟。零支了米麦无重数。换田契强秤了麻三秤，还酒债偷量了豆几斛。有甚糊突处？明标着册历，见放着文书。

少我的钱，差发内旋拨还；欠我的粟，税粮中私准除。只道刘三，谁肯把你揪揝住，白甚么改了姓，更了名，唤做汉高祖！

这套曲子人物形象鲜明，故事情节真实，语言运用贴切，像一幕生动、滑稽的讽刺剧，形象地勾画出了刘邦这个流氓无赖发迹后的傲慢神情；并且以乡民尖刻的语言，蔑视的眼光，揭露了刘邦在乡中的丑恶行径。轻而易举地就去掉了那个罩在"真命天子"头上的神圣光环，还原了他流氓无赖的本来面目。

西征欧亚遥英豪
只识弯弓射大雕
海外贸易谱新篇
隆建古都载新篇
天文历法
数学神
古典名著传
绘画艺术创新风
中华戏剧有渊源

李约瑟之谜谜底

元朝是中国历史上第一个全国性的少数民族政权。元朝从 1271 年忽必烈定国号为元算起，到 1368 年灭亡，前后只存在了不到一个世纪。但是，元朝对中华民族文明进程的影响却是深远的。

在元朝中期元仁宗当皇帝期间，发生了一件大事：这位元皇帝竟然把与原始儒学——孔孟之道渐行渐远的、变了味的程朱理学抬到了国家哲学的高度，并且把科举考试的内容严格限定在了朱熹《四书集注》的狭小范围之内。

这样做的后果，不仅剥夺了中华民族近两千年来普遍享有的思想自由，而且对整个社会的文明进程产生了重大影响——逐渐地导致了元、明、清三代科学技术的停滞乃至倒退。

整个事情的渊源还得从两宋时期的程朱理学说起。

程朱理学的兴起

宋朝是一个哲学思想活跃、学术流派纷呈的历史时期。任何学术流派和学术思想只要不干涉朝廷事务、不对皇权构成威胁，都可以自由地传播。

东京沦陷，宋室南渡之后，许多北宋流行的学术流派——张载的关学、周敦颐的濂学、王安石的荆公新学都开始衰落，以"二程"为代表的洛学和以朱熹为代表的闽学逐渐成为儒学的主流。后人把洛学和闽学统称为"程朱理学"。

《 博采众长的洛学 》

洛学有着深厚的思想渊源。尽管程朱理学成为官方哲学以后，程朱门下的弟子拼命攻击洛学以外的学术思想，但是，洛学当年确实从张载的关学和周敦颐的濂学中汲取了大量的精华。

洛学的代表人物是河南伊川的程颢和程颐兄弟俩，并称为"二

厚德载物

程颢、程颐

程"。哥哥程颢（1032—1085年）字伯淳，人称明道先生；弟弟程颐（1033—1107年），字正叔，人称伊川先生。

洛学最初是一个"尊儒为本、博采众长"的哲学流派，否则也不可能成为儒学的主流。

"二程"的父亲程珦是北宋官员，与濂学的创立者周敦颐是好朋友。"二程"很小就拜在了周敦颐门下，洛学实际上也是从濂学起家的。周敦颐的《爱莲说》至今仍然是中学课本中优秀的文章，无论文学性还是思想性都是一流的。

洛学不仅深受周敦颐学术思想的影响，还从张载的"关学"中吸收了许多精华。

洛学与关学一样反对迷信思想，反对偶像崇拜，有深刻的辩证法思想。程颐认为偶像崇拜是非常愚昧、可笑的。他讲过这样一个故事：有个叫朱定的人来我这里求学，他曾经在泗州做官，有一次城中失火，朱定就命令士兵把庙里的僧伽搬走了，免得烧坏。后来，我对朱定说："为什么不把僧伽放在火中呢？如果僧伽被火烧了，就说明根本不灵验，不正可以为天下人解惑吗？"

程颐还对"求雨"进行过有力批判，他说："气就是神。现在的人因为不知道这个道理，不知道雨露是什么，是从哪里生成的，当然只能到庙中去求雨了……木土做成的人，身上怎么能有雨露呢？"

尽管洛学的核心确实是从"天道自然"出发，并企图以此证明皇权的合理性——皇帝的权力和地位是神圣不可侵犯的，但是，其中却包含着许多合理的、正确的哲学思想。

《 以理为尊的闽学 》

继洛学之后兴起的是以朱熹为代表的闽学。

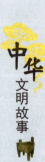

朱熹认为，只有"理"是世界万物的本原，天地万物都是从"理"中派生出来的。朱熹在《朱子语类》中形象地描绘了"理"的存在。他说：理就像天上的一轮明月，江河湖海中的无数个月亮其实都是天上那轮明月的影子。

朱熹还继承了"二程"关于"道统"的观念。认为自从孟子死后"圣学不传"，社会始终处于黑暗之中，直到"二程"开创了理学，才恢复了儒家道统。

朱熹的闽学在南宋前期深受官方排斥。为什么会这样呢？原因很简单，他的政治主张总是慢一拍，不合时宜。

高宗在位时，以秦桧为首的投降派掌权。此时的朱熹年轻气盛，在政治上相当激进，反对大汉奸秦桧的投降卖国行为，力主抗金，恢复中原，所以很不得志。

朱熹在1162年曾上书高宗皇帝："夫金虏于我有不共戴天之仇，则其不可和也，义理明矣……讲和者，有百害无一利。"表现了强烈的爱国主义思想。

高宗退位后，孝宗登基，主和的皇帝换成了主战的皇帝，但朱熹却在官场中磨尽锋芒变成了主和派。金国大兵压境，朱熹却宣扬"中原之戎虏易逐，而一己之私意难除"的观点。实在有点儿"虎狼屯于陛下，尚谈因果"啊！因此，理所当然地受到了主战派的攻击，理学也被打成了"伪学"。

1196年，宋宁宗下诏：凡与伪学有牵连的人一律不准入朝为官。第二年，宁宗再次下诏，将朱熹和他的同情者全都列为"逆党"，赶出了朝廷。朱熹的门人弟子也因此与主战派结下了仇怨。

朱熹早年力主抗金，晚年也只是有点儿迂腐，但是，他的门人弟子却曲解了他。主战派北伐失败，韩丞相被杀，朱熹的弟子们不仅为朱熹平了反，还给大奸臣、大卖国贼秦桧也平了反。恐怕朱熹如果泉下有知，未必会赞同他们这种倒行逆施吧！

"二程"和朱熹都是著名的学者和思想家，洛学和闽学都是理学的精华。但是理学的门人弟子却远不如东晋的玄学人士。在蒙古大军压境，国家危在旦夕的重大关头，理学的门人弟子们虽然许多人在朝中为官，却没有出现一个像谢安那样的栋梁之材，在国家危难之际胸无一策，百无一能！

直到南宋灭亡的前夜，太后谢道清才认清这些人的无能，并斥责他们："我们国家三百年来，对你们不薄。现在国家遭难，你们想不出一条救国的良策，京官弃官逃走，地方官苟且偷生，这是人做的事吗？"

元朝理学成官学

南宋灭亡了，蒙古贵族建立了元朝。令人意想不到的是，到了元朝中期，理学不仅没有受到禁锢，反而比以前更加"堂皇"了。尤其是在元仁宗统治时期，竟然变成了元朝的国学。

南宋时期兴起的程朱理学怎么会摇身一变，成为元朝的官学了呢？说起来，信奉理学的儒生们与蒙元贵族的关系还真有些戏剧性呢！

《 百无一用是书生 》

尽管成吉思汗和忽必烈等杰出人物对耶律楚材、刘秉忠、郭守敬等属于杂家的学者们十分看重，但是，大部分信奉理学的儒生却远没有那么幸运。

蒙古民族是马背上的民族，曾经以彪悍的武力横扫欧亚大陆，怎么可能把儒生们放在眼里？在蒙古大军南征灭南宋的战争中，不仅黎民百

姓惨遭涂炭，儒生们的命运更加悲惨。

蒙古贵族历来重视工匠、医生、占卜、星象等技术人才，对"百无一用"的儒生非常轻视。元朝社会各阶层是这样排名的：一官二吏三僧四道五医六工七匠八娼九儒十丐。也就是说，在元朝统治期间，儒生的地位不仅远在工匠之下，甚至连娼妓都不如。

《 赵复燕京传理学 》

元朝初年，理学人士还很讲究礼义廉耻，在入侵者面前也很有些骨气。理学家赵复就是一例。赵复（1215—1306年），字仁甫，湖北德安人，人称江汉先生。1235年元军向南宋大举进攻，赵复当了俘虏。

当时，赵复家人在元兵的残酷屠杀下已经"九族俱残"，赵复正准备投水自尽时，被投靠蒙古贵族的姚枢救了。姚枢劝说赵复：白白地死了有什么好处？不如随我北上为蒙古大汗效命。赵复只好随姚枢到了燕京，同时把程朱理学的经注也带到了北方。

赵复虽然没有殉国，却比后来投靠蒙古贵族的弟子们多了几分廉耻。据说，忽必烈召见赵复时问他："我想夺取宋朝江山，你能为我当向导吗？"

赵复回答："宋朝是我的父母之邦，我不能引外人征伐自己的父母。"忽必烈认为他很有气节，对他很钦敬。

赵复在燕京纠集了从南方掳来的理学弟子，在元大都创立了太极书院，开始传授程朱理学。经过赵复的精心著述和耐心传道，程朱理学在元朝统治的北方大地上广泛传播开来。

尽管忽必烈十分重视汉族文化，对儒学和道家、佛家都很有兴趣，但是由于蒙古贵族根本看不起"百无一用"的读书人，因此，大多数儒生的境况并没有多大的好转。直到元仁宗皇庆二年(1313年)朝廷重新恢复了科举考试，儒生们的处境才开始有所改变！

《科举考试重开张》

别看理学的不肖弟子在国家危亡之际拿不出救国救民的好办法。但是，当他们发现又可以当官了，马上就扯下了蒙在脸上的那块"忠孝节义"的遮羞布，跪倒在了元皇帝的脚下，也成了蒙古贵族欺压和残害江南父老的帮凶。

元仁宗是元朝帝王中最信奉理学的皇帝。他知道，要想长期维持蒙古贵族的专制统治，只使用武力是不行的，还必须给自己披上符合儒家"道统"的合法外衣，而这就必须依靠程朱理学的门人弟子。

用这位元皇帝的话说，就是"所重乎儒者，为其握持纲常"。说穿了，就是让程朱的门人弟子用理学的"伦理纲常"为蒙古贵族的专制统治涂脂抹粉。

元仁宗

元仁宗登上皇位以后，不仅恢复了科举考试，还下诏把程朱理学立为了国家的"官学"。元朝的科举考试与两宋有很大的区别：虽然两朝的考试都是从《大学》《论语》《孟子》《中庸》中出题，但是，元朝统治者却狭隘地要求考生的答卷必须符合朱熹的《四书章句集注》。

从此以后，曾经汲取众家之长的程朱理学开始走向封闭，逐渐变成死板的教条。于是，在华夏大地上出现了"朱氏诸书，定为国是，学者尊信，无敢疑二"的思想禁锢。

《异化的程朱理学》

最具讽刺意味的是，那些为蒙古贵族当走狗的理学"不肖弟子"，从根本上违背了程朱理学最基本的道德准则。

朱熹说过："饿死事小，失节事大。"按照儒学的伦理纲常："忠臣不事二主，烈女不事二夫。"也就是说，不仅女子事二夫是失节，臣子事二主更是失节。

这些理学门人都是"大宋子民"的后裔，却恬不知耻地背叛祖宗，还有什么脸自称"儒家弟子"呢？

理学门人的虚伪之处就在于打着"孔孟之道"的堂皇旗帜，为自己"离经叛道、甘当走狗"的丑恶行径进行了无耻的辩解。在理论上为这种行径提供遮羞布的是赵复的弟子郝经。

郝经身为理学大师，却当了蒙古贵族的走狗。这位无耻、无行的文人为了给自己的行径找出一个"理由"，竟然打出了孟子提出的"用夏变夷"的旗号。

孟子确实提出过"用夏变夷"。孟子的原话是："吾闻用夏变夷者，未闻变于夷者。"这句话的意思是：我听说过用先进的中原文化去影响和感化中原以外的蛮夷，没听说过把自己变成蛮夷的。

郝经完全曲解了孟子的原意，孟子根本就没有让门下弟子"以身事夷"的意思。

郝经的这些无耻谰言不仅背离了孟子"用夏变夷"的原意，也背离了理学培养浩然之气的初衷。这时候的程朱理学早已经不再符合"二程"、朱熹的本意，已经是异化了的程朱理学了！

这种哲学不仅是对孔孟传统儒学的恶意篡改和背叛，也是对两宋理学伦理纲常的篡改和背叛。朱熹当年只不过有些不合时宜罢了，而他门下的这些不肖弟子却真的当上了蒙古贵族的走狗。以"二程"的"浩然之气"和朱熹誓与金虏 "不共戴天"的民族气节，如果泉下有知，可能早已经严厉地"清理门户"了！

但是，事情并没有完，更严重的灾难还在后面呢！

李约瑟之谜的谜底

李贽

程朱理学本身博采众长，是深刻的哲学思想，真正的学问，同时也是中华传统文化重要的组成部分。但是，宋元以后却发生了异化，由于蒙古贵族维持残暴统治的需要变成了官学，变成了人们必须严格遵守的宗教信条，变成了束缚人们思想自由的精神枷锁。

程朱理学成为官学以后，朱熹的《四书集注》成为科举考试指定的唯一教科书，到了明朝，更发展成了死板的八股取士，这种状况严重地限制了人们的思想自由。明朝著名学者和思想家李贽在《续焚书》中讽刺这种思想禁锢："儒先亿度而言之，父师沿袭而诵之，小儿朦聋而听之，万口一词不可破也，千年一律不自知也。"

从此，读书人走进了"读死书、死读书"的死胡同，失去了前人的创新和进取精神，整个学术界和思想界全都陷入了"一潭死水、毫无生机"的境地。

如前所述，在中华古文明飞速发展的三个历史时期，产生了许多世

中华文明故事

界一流的思想家和科学家：春秋战国时期有老子、孔子、孟子、庄周、墨子、列子、石申、甘德；魏晋南北朝时期有王弼、何晏、嵇康、阮籍，有刘徽、郦道元、祖冲之、葛洪、马钧；宋元时期有范仲淹、王安石、二程、朱熹，有范成大、沈括、郭守敬和"宋元四杰"。其主要原因就是学术思想自由推动了科技文化的发展。

然而，程朱理学成为官学以后，在沉重的精神枷锁之下，几乎所有的知识分子都为了自己的仕途前程，到贡院去作八股文了。宋元理学中的伦理道德和浩然正气本来是读书人的行为准则，但是，经过郝经的篡改完全"异化"了。没有人在思想探索的道路上奋力前行了，更没有人在科技领域攀登高峰了。

从元朝开始，理学中的伦理纲常就对男人失去了约束力，全部都由女性承担了。程朱理学兴起之前，中国的女性已经生活在社会底层，而程朱理学成为官学以后，把中国广大妇女推进了更加可怕、可恨、可憎的痛苦炼狱之中。

在"饿死事小、失节事大"的巨大压力下，她们在遭遇不幸时连最后的生存权都被剥夺了。中华大地上那一座座"烈女牌坊"和"贞节牌坊"无不浸透着她们的热泪和鲜血！

男人变节可以用篡改了的"用夏变夷"理论当遮羞布，而女人失去了贞节，就只有死路一条了。真是"是可忍？孰不可忍"！

伟大的空想社会主义者傅立叶曾经说过："妇女解放的程度，是衡量普遍解放的天然尺度。"程朱理学的变异不仅给全体女性，而且给整个中华民族的文明进程带来了深重的灾难。

科学史研究表明，明清两朝600多年间，在科学技术领域虽然也出现过徐光启、李时珍、宋应星等数位科学巨星。其中，徐光启是明代引进西方欧几里德几何的第一人，但是，他的学术思想根本没人理睬。李时珍是明朝最伟大的医药学家，但是，他撰写的《本草纲目》直到去世都没能出版。宋应星的《天工开物》干脆被列为禁书。300年间，中国人自己根本就不知道还有过这么一本科技百科全书，这部书直到民国时期才从日本"回归"中国。

在元、明、清三朝，出得最多的书是朱熹的《四书集注》和与八股取士相关的"应试之书"。

由于一流的人才都走上了科举之路，再也建立不起来一支献身于思想探索与科学研究的、优秀的知识分子队伍了，连"二程"、朱熹那样致力于学术研究的人也极少见了。

除了戴震、王夫之、蒲松龄、曹雪芹这几位被排挤在官方主流文化之外的、叛逆者的呐喊之外，充斥耳际的只剩下"读书做官"的嘈杂之音了。

最终，宋元理学蜕变成为保守的官方哲学，在思想界、学术界形成了真正的"一统天下"。于是，学术思想自由遭到禁锢，程朱理学之外的其他学说都被视为异端邪说，甚至连书也没有多少人愿意读了，学问成了过时的东西，科学技术被称为奇技淫巧，只要用科举考试这块敲门砖打开仕途之路，就可以平步青云、直上九霄了，何必还要读书？从那个时候开始，"世事洞明皆学问，人情练达即文章"的胡言乱语成为人们信奉的箴言。

宋元时期，光辉灿烂的科技成果成为残留在天际的明亮、瑰丽的夕阳。程朱理学"一花独放"，八股取士"一潭死水"，最终导致了中国古代灿烂辉煌的文明进程，也在行将跨上现代科学大厦之门的台阶前失去了她惊人的活力，缓缓地停滞了下来，滑向了近代的低谷。

也许，这就是李约瑟之谜唯一的谜底吧！